マイレージの超達人

【ANA編】

2024-25年版

櫻井雅英
Masahide Sakurai

Start Now

はじめに

新型コロナウイルスの感染問題で、世界の航空会社は非常に厳しい経営環境に直面しました。2023年になると感染問題はほぼ終息して、コロナ以前と同様に自由に旅行を楽しめる環境が戻ってきました。マイレージの利用も従来通り行えるようになってきています。しかし円安の長期化や燃油サーチャージの高騰で、日本人の海外旅行にとってはハードルが高い情勢が続いています。

ANAマイレージクラブ（AMC）では2022年4月11日より、従来のマイルに加えて、期間限定と用途限定の区分が加わる新しいマイル制度に変化しました。また2023年にはステイタス獲得の制度が新しくなり、マイルの利用に便利な「ANA Pay」の仕組みが刷新されるなど、その変化は日進月歩そのものです。さらに周辺環境が変わってきて、2024年以降のAMCの活用法は、従来とは違った戦略が必要となってきています。

そこで前作『マイレージの超達人（ANA編）2022年-23年版』を、こうした最新情勢に適合するように全面的に書き直すことにしたのが本書です。継続利用して貯めたせっかくのマイルを無駄にしないで活用するには、不断の努力・学習と工夫が必要です。そしてANAのマイルには有効期限があります。その時々によって攻略方法を変えて、最大効果を得ることが得策です。本書では従来にも増して、そうした実利的で時宜を得た利用法に着目し、内容を刷新しました。特にマイルを失効させずに上手に使う技に磨きをかけることを本書の最大の目的としました、さらに本書では新しい企画として、ＡＭＣ会員になった読者の方が、日ごろの搭乗記録を手元に残しやすい小冊子「ＭＩＬＥＡＧＥ　ＬＯＧＢＯＯＫ（マイレージ・ログブック）」を付録に作成しました。この冊子を利用すると、年間のＡＭＣ関連の航空機搭乗時のマイル獲得数や、プレミアムメンバーとしてステイタス獲得に必要なプレミアムポイントを利用直後に正確に算出して記録を手元に残すことができます。いわばあなた専用のマイレージ専用手帳の役割を果たすメモ帳です。

新しいＡＭＣの仕組みは、多様な決済手段やアプリの進化で、まさしく「マイル経済圏」構想が一段と鮮明になってきています。どうか本書と付録の「ＭＩＬＥＡＧＥ　ＬＯＧＢＯＯＫ（マイレージ・ログブック）」を参考にマイルをしっかり貯め、ＡＭＣを利用して素敵な旅行に出かけてみて下さい。

２０２４年２月
櫻井雅英

＊本書は２０２４年２月28日現在公開されている一般情報に基づいています。

目次

■はじめに

PART Ⅲ　ＡＮＡマイルを貯める

PART Ⅳ　ＡＮＡマイレージクラブを使いこなす

PART I ANAマイレージクラブを知る

ANAマイルをがむしゃらに貯め始める前に、まずはANAマイレージクラブ（AMC）の概要を知ることから始めましょう。インターネットの普及で航空会社のマイレージはネットでの利用を前提とすることになり、さらに最近はスマホを使うサービスへシフトしてきています。こうした情報環境の進化によって、AMCでは提携サービスなどが多様化しその広がりはまるで密林に入り込んだようで、探している情報になかなか行きつくことができないことがあります。そこで本章ではAMC利用に際し、あらかじめ知っておくべき情報をコンパクトにまとめてみました。

ANAマイレージクラブ（AMC）の特長

数あるマイレージから、実際に利用するものを選ぶとなると様々な比較検討事項があって迷うと思います。その中でもＡＭＣ（ＡＮＡマイレージクラブ）を選ぶには後述のような特長があるからです。特に日本在住者であれば、特定の海外路線を頻繁に利用するなど特段の理由がある方は別として、日本が拠点の航空会社のマイレージは、生活の基盤となる日本国内における提携サービスが格段に充実しています。さらに入会費や年会費なども基本的にかかりませんが、原則貯めたマイルには有効期限があり、有効活用するには絞り込んだ使い方が有用となる点に留意すべきです。特にマイレージ初心者が気になることとして、日本の２大マイレージでＡＭＣのライバルともいえるＪＡＬマイレージバンク（ＪＭＢ）の存在があります。長い間、日本においての２大マイレージのサービス内容は拮抗して発展・進化してきました。しかしここ数年細かな部分では、かなり相違点ができてきており、利用者は「選択と集中」というマイレージ活用での究極の課題に対し、各マイレージの特長を十分に理解することが求められています。この点に関して長年二つマイレージを併用してきた著者の体験を元に執筆したマイレージ攻略本『マイレージ二

●ポイント

❶マイレージ活用での究極の課題は選択と集中。
❷ANAマイレージクラブが他のマイレージに比べて有利な点が何かを知ったうえで、その特長を生かした使い方を考える。
❸1マイルから使える特典交換の仕組みがあり、マイルを無駄にしないですむ点は他のマイレージにはない特長。

刀流攻略法』（２０２３年9月玄文社刊）を併読していただければ、参考になると思います。

●AMCの特長

各航空会社のマイレージにおける条件の差異は非常に多岐にわたりますが、ＡＮＡマイレージクラブが他のマイレージに比較して優位な点を簡単にまとめると以下のような点が特筆されます。

①１マイル単位でも使える交換特典があるなどマイルを無駄にしないですむ。
②交換特典の種類が多く、マイルの使い道が幅広い。
③少ないマイルで特典航空券に交換できる減額マイルキャンペーンが多い。
④生活シーン全般でマイルを貯めることができる広範な提携サービスがある。
⑤航空機利用以外の条件を加えてサービスステイタスを確保できる新しいコンセプトの上級会員制度が完備。
⑥参加航空会社数が最大のスターアライアンス加盟で世界中で利用できる。

◀このQRコードで「1マイルから使えるAMC交換特典」のホームページに直接アクセスできます。

◀成田空港ANAファーストクラスカウンター。AMCダイヤモンド会員もこの特別室で受付できる憧れの搭乗カウンター。

ANA MILEAGE

ＡＭＣ入会のチェックポイント

●会員カードの選択

ＡＭＣの利用を始めるにはまず入会しないとなりません。基本的に入会は無料ですが、ＡＮＡカードならクレジットカードの年会費がかかります。これ以外にもＡＭＣには多様な提携カードがありますが、初年度無料でもカード維持費用がかかるものが大半です。残念なことに、発行手数料が実質無料であった電子マネー（楽天Ｅｄｙ）機能付きカードは新規の発行が廃止となり、一般カードはＡＭＣカードだけとなりました。入会のカード選択はマイルの貯まり方やサービス内容にも影響しますので、後述の「ＡＭＣカード＆ＡＮＡカードで貯める」（Ｐ72）も参照し、自分のライフスタイルに合ったものを選んでください。本項ではその主要な機能の紹介に留めます。初めての入会なら、ＡＭＣカードが無難な選択です。なおこれ以外のカードはホームページ上の分類では全部で50種類以上もありますから、個々の機能をよく比較検討して選択してください。

①ＡＭＣカード：無料の会員カード。誰でも入れるエントリーカード。

●ポイント

❶入会には必ずしもクレジット機能付きの提携カードは必要ではないが、一般会員ならカード方式の会員カードを持つべき。
❷クレジット機能が付いた提携カードすべてがＡＮＡカードではない。
❸ＡＮＡカードとクレジット機能付きのＡＭＣ提携カードは、搭乗時のボーナスマイルや割引購入等などの特典に差異がある点に注意。

②**ＡＮＡカード**：クレジット機能付きのカード。ＡＮＡ便搭乗時にボーナスマイル獲得が可能。その他各種割引サービスなどが付帯。入会審査あり。

③**学生向けＡＮＡカード**：18歳以上の学生（高校生は除く）の方向けのＡＮＡカード。在学期間中年会費無料。一部申込み不可の学校がある。

④**ＡＭＣ提携多機能カード**：企業提携との付加機能付きカード。入会審査あり。みずほマイレージクラブカード以外は年会費が必要。

⑤**ＡＭＣ＋デビット機能付きカード**：クレジットカードではないので入会審査がないものが多くクレジット加盟店でも使える。

⑥**ＡＭＣ＋プリペイドカード**：入会審査がなく、クレジット加盟店でもほぼ同様に使える。15歳以上入会可。月間利用上限あり。

●カード型会員証

ＡＭＣにはスマホアプリでのデジタルカードがありますが、再生ＰＥＴ素材製のＡＭＣカードもあります。電源が切れてしまったり、機材のトラブルがあったりして、スマホのデジタルカードでは会員サービスを使うことができない場合には、この再生ＰＥＴ素材のカードが役に立ちます。

◀このＱＲコードで「ＡＮＡマイレージクラブの入会」のホームページに直接アクセスできます。

◀ＡＭＣカード（再生ＰＥＴ素材製）ＡＭＣのエントリーカード。

ANAマイレージクラブ（AMC）の概要

AMCの利用に際し、まず覚えておいていただきたい基本データは次の通りです。さらに細かな条件は各項目にそって解説します。

●必ず押さえておきたいAMCの基本事項

①**参加できる人**：誰でも。
②**会費**：無料。
③**マイルの種別**：2022年4月11日以降の積算分より、ANAマイルの種別に用途・期間限定マイルが加わったことで、グループ1（通常マイル）、グループ2（期間限定マイル）、グループ3（用途・期間限定マイル）、グループ4（航空関連サービス・期間限定マイル）という四つのタイプ（マイル口座グループ）のマイルがAMCにはあります。
④**マイルの有効期限**：通常マイルは積算後36か月後の末日。それ以外の用途・期間限定マイルはキャンペーン等付与条件により異なる期限が設定されます。
⑤**マイルの利用者**：会員本人と二親等以内の会員が登録した親族（最大10名）。
⑥**交換特典**：特典航空券他、多数。

●ポイント

❶マイレージの規約は航空会社ごとに異なる。
❷2022年4月11日以降の積算分より、マイルの種別に用途・期間限定マイルが加わったことで、AMCには四つのタイプのマイルができ、通常マイル以外のマイルの有効期限はキャンペーン等付与条件により異なる期間が設定されることになった。
❸マイレージはお客様向けのサービス事業で、マイル交換で提供される特典サービスは、実際に販売されているものとは部分的に異なることがある。

⑦**マイルの共有**：ANAカード家族プログラムで条件を満たすと家族間で可能。

⑧**その他**：インターネットを個人機材で利用できることが望ましい環境です。

●意外と知られていないANAマイレージの制約事項

AMCのみならずマイレージには各種の制約事項があります。実はこうした条件は規約やホームページの説明を丹念にチェックしないとわかりづらいことは否定できません。マイレージはお客様向けのサービス事業で、マイルと交換する特典は、実際に販売されている商品とは部分的に異なることがあります。

①AMCでは会員指定でも特典利用者の資格が限定され、友人等は使えません。

②一般席に空席があってもマイレージ用の空席がない場合特典航空券は不可。

③会員の居住地区が日本以外の場合、特典の交換種類や条件が一部異なります。

④空港内ラウンジなど上級会員（プレミアムメンバー）向けサービスは、マイルとは別のポイント（プレミアムポイント）制度です。

⑤マイルの利用（使用）は有効期限の近い順から減算されます。

⑥AMCの特典航空券は国際線では片道予約はできません。

このような重要な制約事項はマイレージを利用し始める前にしっかり覚え、苦労して貯めたマイルを無駄にしないように、自分なりの活用法を確立しましょう。

◀このQRコードで「ANAマイレージクラブ紹介」のホームページに直接アクセスできます。

◀ANAホームページトップ画面
2022年9月から新しい仕様に大きく変わりました。

２０２４〜２０２５年の攻略キーポイント――

新型コロナウイルス以降、日本を取り巻く経済情勢と航空事業環境の変化でＡＭＣ利用の諸条件も大きく変わってきています。規約や提携サービスも改定され、マイルの利用価値もどんどん変わります。そうした側面を考慮すると、ＡＮＡマイルの有効期限の３年間は十分すぎるのかもしれません。本項では従来から拙著で推奨してきた２年間を一つの区切りとしてＡＮＡマイルの使い方を、周辺環境を加味し検討します。

●国際線特典航空券の交換マイル数改定と新路線

２０２４年４月18日以降の国際線特典航空券（ＡＮＡ国際線、提携航空会社）の交換マイル数が改定となり、行先と搭乗クラスによっては必要なマイル数が多くなります。コロナ以降国際線は減便が続き、特典航空券も取りづらくなっています、今後は利用シーズンや搭乗クラスの選択に、今まで以上に工夫が求められます。また延期のままの国際線新規路線が２０２４年度には実現の見通しです。特にストックホルムは他社にも直行便がないＡＮＡだけの独占路線です。ミラノ、イスタンブールなども注目です。

●ポイント

❶マイレージを取り巻く周辺環境の変化が激化しており、2年単位で攻略法を考えるのが現実的。

❷特典航空券は国際線はストックホルム、ミラノ等の新規路線、国内線なら「今週のトクたびマイル」に注目。

❸スマホアプリの「ANA Pocket」や「ANAふるさと納税」は隠れたるANAマイル獲得のダークホース的存在。

●国内線特典航空券利用なら「今週のトクたびマイル」

日程の都合がつく方には、わずか3千マイルから特典航空券が交換できる「今週のトクたびマイル」を利用できる区間が年々増加傾向です。これにマイルで泊れる宿泊先を併用すれば超格安な国内特典旅行が可能です。

●ANAカードとANA Payを徹底攻略

プレミアムメンバーサービスでステイタスをキープするには、搭乗で獲得するプレミアムポイントに加え、ライフソリューションサービスの利用数とANAカードとANA Payの決済額で、少ないポイント数で獲得できる方法が有用です。

●マイルを貯めるダークホース的存在（ANA PocketとANAのふるさと納税）

移動するだけでANAマイルが貯まるスマホアプリ「ANA Pocket」と控除の手続きが必要ですが、ふるさと納税に「ANAのふるさと納税」を使うと返礼品に加えANAマイルも獲得できます。この制度がある期間中はマイルを無理なく増やす格好の方法です。

◀このQRコードで「ANAのプレスリリース」のホームページに直接アクセスできます。

◀ミラノ・ドゥオーモ広場前　ANA便も2024年下期からミラノへ就航予定です。

AMCの利用価値を高めるプレミアムメンバーサービス

マイレージの魅力は何といっても、無料《タダ》で飛行機に乗れることです。マイレージには二つの側面があります。一つはマイルを貯めて交換特典に使う、多数の提携サービスを含めた「マイル」という単位によるポイントサービスです。もう一つは実際に航空機を利用する多頻度旅客（ＡＭＣでのプレミアムメンバー）向けのお得意様サービス（ステイタスサービス）（＊）です。

●マイレージは多頻度旅客向けのサービスが原点

マイレージは、もともとはＦＦＰ（Ｆｒｅｑｕｅｎｔ Ｆｌｙｅｒ Ｐｒｏｇｒａｍ）と称する航空会社の多頻度利用者向けのお得様サービスです。それが発展したステイタスサービスは航空機を頻繁に利用する方を囲い込むために、航空会社が競いあって充実化させています。ＡＮＡプレミアムメンバーサービスでステイタスを獲得すると、ＡＮＡやスターアライアンス各社の航空機利用に際し、特別な待遇が受けられ、非常に快適に空の旅を一層楽しむことができます。

●ポイント

❶マイレージはもともと航空会社の多頻度利用客向けのお得意様サービス。
❷今のマイレージはマイルというポイントサービスと搭乗ポイントでのお得意様サービスの二つの機能を併せ持つ。
❸AMCの「プレミアムメンバーサービス」は他社のステイタスサービスに比べて、有利な点多くがある。

＊ステイタスサービス
マイレージではマイル以外に実際の搭乗で付与されるポイント（一般的にはエリートポイントと称する、ＡＭＣでのプレミアムポイント）の年間獲得実績に応じて会員に提供される資格（ステイタス）に対し提供される専用ラウンジ等各種の特別サービスのこと。

●プレミアムメンバーサービスの特長

他のマイレージのステイタスサービスに比べ、ＡＭＣのプレミアムメンバーサービスが優れているのは次のような点があげられます。

①航空機利用のポイント以外でもステイタスを獲得可能

航空機搭乗でのポイント以外に日本発行のＡＮＡカード会員なら年間の「ライフソリューションサービス」の利用数とＡＮＡカードとＡＮＡ Ｐａｙの決済額で、従来より少ない規定ポイント数でステイタスが得られます。

②特別な会員カード（ＳＦＣ）入会資格が短期間で獲得可能

プラチナ以上のステイタスを獲得したＡＭＣ会員は、それ以降もほぼ同格の特別待遇が持続できるクレジットカード（スーパーフライヤーズカード（ＳＦＣ））の入会資格が得られます。ＪＡＬの同様なクレジットカード会員（ＪＡＬグローバルクラブ（ＪＧＣ））が２０２４年以降、入会資格が短期間で獲得が難しくなったのに対し、ＡＭＣ会員は1年間で達成可能です。

③アップグレードポイントの付与

ステイタス保持者とＳＦＣ本会員にはアップグレードに使える「アップグレードポイント」が毎年付与されます。このようなポイント制度は他のマイレージのステイタスサービスでは現在みられなくなりました。

◀このＱＲコードで「プレミアムメンバーサービスの概要」のホームページに直接アクセスできます。

◀手荷物のプライオリティータグ ボーナスマイルと同様ＳＦＣ会員ならではの特別待遇。

ＡＭＣ攻略の要点

ＡＭＣ攻略にあたって、途中で挫折せずに最終目的に到達するためには、自分なりの行動様式を確立し、ブレないで根気強く付き合うことです。その際の要点になるのは次のような項目です。

①目標を定める：夢のある旅行ができる特典航空券獲得等の具体的目標を持つ。
②継続は力なり：ローマは一日にしてならず。塵も積もれば山となる。
③余計な経費をかけない：ミイラ取りがミイラにならないように気をつける。
④マメになる：小さな単位のマイル獲得の機会も無駄にしない。
⑤セコイ手は使わない：自分の評判を落とす危なげな裏技には手を出さない。
⑥家族にも恩恵を与える：家族が使える各種のサービスに注目しよう。
⑦ネット利用に強くなる：ＡＭＣの利用はネットが本流。
⑧期限内にマイルは使い切る：マイルの失効はお金を紛失するのと同じこと。

◀田辺書店（羽田空港第２ターミナル国内線）
羽田空港のＡＮＡ国内線利用者に一番便利な空港書店。

PART II ANAマイルの使い方

マイレージでは、最初はマイルの貯め方に目がいきがちです。しかしマイレージ活用の目的は交換特典を利用することです。まずはどんな交換特典があり、それを有効に使う方法を検討することのほうが重要だと思います。ANAマイレージクラブ（AMC）の交換特典は非常に多様です。本章では初心者でもわかりやすいよう再分類して説明します。特典の内容を知って、自分のライフスタイルに適合したマイレージ攻略法を確立しましょう。

ＡＮＡマイルの使い方を知る

ANA MILEAGE

まずＡＮＡのホームページでどんな交換特典があるかを知ることから始めましょう。その中でちょっと面倒なのは、ＡＮＡワールドホテル等のマイルが貯まるＡＭＣのネット・ショッピングサイトです。このサイトはマイルを貯める相互機能を使った特典で、マイルが貯まる項目・機能が最初に表示されるものがあり、混同しやすいからです。

●特典の交換に関する注意点

特典の内容と交換に必要なマイル数はホームページにて比較的簡単にわかりますが、交換には付帯条件があります。特に注意すべき点は次の通りです。

①マイルの有効期限：ＡＮＡマイルは２０２２年4月11日から四つのタイプ（マイル口座グループ）へ変更となり、一部のマイルは期間限定となったことは要注意です。通常マイルは期限（36か月後の末日）が来ると毎月次々と失効しますので期限前に特典と交換しましょう。また交換特典を取り消してマイル口座に戻せても、使ったマイルが期限を過ぎている分は戻りません。

●ポイント

❶マイルの貯め方よりも、特典の種類・内容と使い方を知ることが重要。

❷特典交換によってはマイルが使えて、マイルが貯まる相互機能があるものがあり、マイルが貯まる項目・機能がホームページ上では最初に表示され混同しやすい。

❸特典交換の重要な注意点は、マイルの有効期限、特典利用者の制約、交換の利用方法、家族のマイル合算等。

②マイル有効期限の延長：ＡＮＡ「ダイヤモンドサービス」メンバー期間中は、未使用マイルの有効期限が延長され、マイルが失効しません。「ダイヤモンドサービス」メンバーでなくなった場合は、すべての未使用マイルの有効期限がその時点から36か月後の月末までになります。また（ＡＮＡライフタイムマイル１００万マイル以上の会員（ミリオンマイラー）は、生涯にわたってマイルが失効することはありません。

③マイルの利用者：ＡＭＣでは特典航空券、アップグレード券、ご利用券などは会員本人と二親等以内の家族での事前登録者（最大10名）に限定され、また各種クーポン等もそれに準じ利用者の制限があります。

④交換特典の利用方法：マイレージの特典利用方法は他のポイントカードのように、会員カードを持参して空港カウンターで直接特典航空券へ交換の申し込みをするような仕組みではありません。事前にマイレージホームページでのネット利用や、事務局へ電話等で申し込むことで特典を利用します。ネット申し込みでは無料でも、電話では発行手数料がかかる場合があります。ＡＮＡ国内線特典航空券は、空港で搭乗券と交換する方法のみで、会員同行でない引き取りには確認番号も必要な点は要注意です。

◀ここのＱＲコードで「マイルを使う」のホームページに直接アクセスできます

◀ダイヤモンド会員専用搭乗口（羽田空港第２ターミナル国内線）ダイヤモンド会員はマイルが失効しません。

⑤家族のマイルを合算利用：ＡＮＡカード会員になり、ファミリーカードサービスを利用して、生計を同一にする一親等に限り家族のマイルを合算利用できます。特定の家族分のマイルを指定しての利用はできません。家族全員のマイルの中から、期限の短いものから順に引き落としとなります。

●用途・期間限定マイル導入でできた四つの新たなマイル区分

２０２２年４月11日からＡＮＡのマイルに用途・期間限定マイルが加わったことで、グループ１（通常マイル）、グループ２（期間限定マイル）、グループ３（用途・期間限定マイル）、グループ４（航空関連サービス・期間限定マイル）という四つのタイプ（マイル口座グループ）に分けて付与されることになります。グループ１はフライトやライフソリューションサービスで積算されるマイルで有効期限は従来通り積算36か月後の末日ですが、キャンペーン等で付与される他の三つのマイルはキャンペーンにより有効期限が異なります。ＡＭＣがホームページで発表した特典ごとの適用区分を別表（Ｐ27）に転載します。今後は特に期限と用途に注意してマイルを使い分ける必要があります。

◀このＱＲコードで「マイル口座グループ」のホームページに直接アクセスできます。

ANAマイルグループ別用途一覧

＊：払戻手数料マイルも含む。○：利用可、×：利用不可

交換特典	グループ1 通常マイル	グループ2 期間限定マイル	グループ3 用途・期間限定マイル	グループ4 航空関連サービス・期間限定マイル
ANA国内線特典航空券*	○	○	○	○
ANA国際線特典航空券*	○	○	○	○
提携航空会社特典航空券*	○	○	○	○
ANA国際線アップグレード特典	○	○	○	○
スター アライアンスアップグレード特典	○	○	○	○
ANA SKY コイン	○	○	○	○
ANA国際線超過手荷物料金支払い	○	○	○	○
ピーチポイント交換	○	○	○	×
ANAワールドホテル・レンタカー	○	○	○	×
ANAトラベラーズホテル	○	○	○	×
ANAトラベラーズアクティビティ	○	○	○	×
penguin	○	○	○	×
ANAデジタルクーポン	○	○	×	×
ANAバラエティクーポン	○	○	×	×
ANA Payへのチャージ	○	○	○	×
ANA Mall	○	○	○	×
ANAショッピング A×style	○	○	○	×
ANA STORE@SKY	○	○	○	×
ANAセレクション	○	○	○	×
寄付・支援	○	○	○	×
マネープラン個別相談クーポン	○	○	○	×
ANAビジネスジェット	○	○	○	×
ANAビジネスソリューション研修受講eクーポン	○	○	○	×
ANAマイレージモール1,000マイルクーポン	○	○	×	×
提携ポイントへの交換	○	○	×	×
美容・健康クーポン	○	○	×	×
アクティビティ・エンターテインメントクーポン	○	○	×	×
ANAマイレージクラブ ファミリーアカウントサービス登録手数料	○	○	○	○
ステートメント発行手数料	○	○	○	○
特典利用者のデータ変更・削除手数料	○	○	○	○

特典航空券で使う①

特典航空券の種類とその概要

●特典航空券のメリット

ＡＭＣの最大のメリットは特典航空券です。その理由は他のポイント交換サービスなどより、還元率で有利な点にあります。ＡＭＣではどの特典航空券も会員カードを持参しての空港カウンターでの申し込みはできません。

●ＡＮＡ国内線特典航空券（片道１区間５千マイル〜）

ＡＮＡ全路線で利用可能です。区間と期間（三つのシーズン区分）によって交換に必要なマイル数は異なります。２０２２年と２０２３年では利用できない期間がありません。プレミアムシートは空席がある場合のみ特典航空券に追加料金を払い利用可能です。座席を必要とする子供は大人と同じマイル数が必要です。「今週のトクたびマイル」、「ＡＮＡにキュン！」等のキャンペーンを利用すると通常の国内線特典航空券より少ないマイル数で交換できます。

●ＡＮＡ国際線特典航空券（往復１万２千マイル〜）

●ポイント

❶ＡＭＣ特典航空券は会員カードを持参しての空港カウンターでの申し込みはできない。マイレージ申込窓口（ＡＭＣマイレージ事務局またＷＥＢサイト）で利用する。

❷ＡＭＣ特典航空券は国内線では片道利用ができるが、国際線は往復旅程のみでの利用。国内線特典航空券は往復旅程を含む２区間を１交換特典として利用可。

❸ＡＭＣ特典航空券にはシーズン区分があり、交換マイル数がシーズンにより異なる。

ＡＮＡの国際路線で使える往復特典航空券。出発地のゾーンと到着地のゾーン区分の組み合わせ、シーズン区分と搭乗クラス（ファースト、ビジネス、プレミアムエコノミー、エコノミー）の3要素で交換マイル数が決まります。諸税や燃油サーチャージは別途負担です。搭乗制限期間の設定もあります。

●提携航空会社特典航空券（往復1万5千マイル〜）

往復旅程の特典航空券です。交換に必要なマイル数は総旅程の距離と搭乗クラスで決まります。プレミアムエコノミーは使えません。スターアライアンス加盟会社便は複数の航空会社便が混在した旅程が使えますが、それ以外は同じ航空会社便でしか利用できません。交換時に燃油サーチャージや諸税など追加支払いが必要となります。

●スターアライアンス世界一周特典航空券（3万8千マイル〜）

スターアライアンス加盟会社便を使い世界一周ができる特典航空券です。大西洋、太平洋を挟む路線を各1回利用し、最大12区間、途中降機8回、総マイル数に含まれない地上移動区間数最大4区間、帰国便は最初の国際線搭乗の10日目以降等の諸条件があります。

◀たんちょう釧路空港（出発ロビー）
羽田－釧路は2023年12月に「今週のトクたびマイル」で利用できました。

特典航空券で使う②

特典航空券利用の攻略ポイント

●予約の取り方には工夫が必要

特典航空券の座席数は限定され、一般席に空席があっても予約できるとは限りません。特に数名以上の家族で同一便の利用は、路線やシーズンによっては難関です。希望の日程や旅程で特典航空券を予約するにはそれなりの工夫と、人気路線では取れた予約に合わせて旅行するという柔軟さが求められます。

●予約開始日に注意

特典航空券には予約開始日があり、開始日に予約を取ることは一番可能性が高いといえます。ただし一般席予約の状況に応じて、反対に運航日が近づいて来るとマイレージ用に一般席が開放されることもあるようです。

●国際線特典航空券は周遊旅程がメリット大

国際線特典航空券は途中降機（24時間以上の滞在）ができるタイプがあります。有償の周遊旅程運賃は単純往復より高価ですが、国際線特典航空券で

●ポイント

❶数名以上の家族が同一便での特典航空券の利用は、国際線や八イシーズンでは難関。人気路線では取れた予約に合わせて旅行するなど柔軟に対処。

❷「今週のトクたびマイル」等の減額マイルキャンペーンでは通常より少ないマイル数で特典航空券に交換できる。

❸ベストシーズンに国際線で特典航空券を予約するには、2年間で貯めたマイルと交換するのが理想的。

は目的地への途中に、途中降機の条件が適合すれば、単純往復と同じ交換マイル数で数都市に立ち寄りができるメリットの大きい特典航空券です。

●プレミアムメンバー・ANAカード会員・モバイルプラス会員は予約優遇

ANAカード会員、AMCモバイルプラス会員、プレミアムメンバーはそのランク（ステイタス）に応じて、特典航空券の予約に優遇（国内線特典航空券の先行予約、国際線特典航空券の予約・空席待ちの優先等）があります。

●キャンペーン情報等を見逃さない

国内線では「今週のトクたびマイル」「ANAにキュン！」等を、国際線では不定期のキャンペーンを利用すると少ないマイル数で特典航空券を交換できます。ホームページを定期的にチェックしてチャンスを有効利用しましょう。

●国際線利用はシーズンを考慮

海外では季節等により訪問先施設の利用期間の制約があります。理想的なスケジュールで予約するには、予約開始日とマイル失効期限を考慮すると、2年間で貯めたマイルと交換するのが現実的です。

◀このQRコードで「MYキャンペーン」のホームページに直接アクセスできます。ログインしていると特定会員限定のメニューも追加されます。

◀ANA Future Promise Jet 2024年1月に羽田空港で偶然見ることができました。

特典航空券で使う③

ＡＮＡ国内線特典航空券

●片道利用が可能

ＡＮＡ国内線特典航空券はＡＮＡ便名の日本国内線全路線普通席で任意の片道（1区間）または2区間（往復も含む）が申込単位です。プレミアムクラスは搭乗2日前から所定の「アップグレード料金」を支払い利用できますが、フライトマイルおよびプレミアムポイントの積算対象外です。他社が運航する日本国内線コードシェア便は、ＡＮＡ便名の予約のみが対象です。例外は沖縄離島線で、沖縄（那覇）へ直行便がある出発地から、沖縄（那覇）での乗り継ぎで離島路線（那覇－石垣・宮古）を利用の場合4区間を利用できます。交換に必要なマイル数は別表（Ｐ35）を参照してください。

●前日まで申し込みと変更が可能

ＡＮＡ国内線特典航空券は前日まで申し込み可能で、また有効期限は発行日（特典航空券は予約日）の翌日から1年間です。日付と同区間での搭乗便の変更は手数料なしで行えます。

●ポイント

❶ＡＮＡ国内線特典航空券は前日まで予約可能であり、有効期限も1年間。
❷ＡＮＡ国内線特典航空券は空港での搭乗券との交換のみなので、会員本人が同行しない場合の搭乗券交換に必要な『予約番号』と『確認番号9桁』の二つを必ず忘れずに記載して持参させる。
❸通常より少ないマイル数で交換できる「今週のトクたびマイル」を実施中。

●見過ごしがちな注意事項

①家族・小児の利用：AMC国内線特典航空券はすべて空港で搭乗券との交換となり、旅程等も郵送されません。会員が同行しない家族だけでの利用には「予約番号」の他に「確認番号9桁」も必要となりますので注意してください。また座席を使う幼児と小児の特典航空券も大人と同じマイル数が必要です。

②遅延・欠航等：特典航空券利用便が遅延や欠航をした場合は代替交通手段や宿泊施設の提供はありません。

③変更等：搭乗者や区間の変更はできません。また変更窓口は空港カウンターや予約電話窓口ではなく、AMC専用ホームページやマイレージ事務局で行い、搭乗便の1日前までなら可能です。変更によりシーズン区分が変わった場合は必要マイル数が変わります。追加マイルが必要な場合マイルが口座にない場合は変更不可となり、マイルの有効期限が過ぎている場合は使用したマイルは戻りません。

④予約開始日：国内線特典航空券の予約開始日は、年2回運航ダイヤ期間ごとに国内線航空券の一斉発売と同時となります。このダイヤ期間ごとの一斉発売日はAMCのホームページで数か月前に正式発表されますので注意が必要です。

◀このQRコードで「ANA国内線特典航空券」のホームページに直接アクセスできます。

◀ANAラウンジ（那覇空港国内線）国内の主要空港にはANA専用ラウンジがあります。

●マイル減額キャンペーン

ＡＭＣでは期間と路線限定で通常より少ないマイル数で特典航空券が交換できるマイル減額キャンペーンが実施されています。２０２２年も毎週火曜日に発表される「今週のトクたびマイル」や毎月29日発表の「ＡＮＡにキュン！」がその代表例です。ただしキャンペーンでの特典航空券では期限等の条件は通常の特典航空券とは異なります。

●マイルでいっしょ割

ＡＮＡマイレージクラブ会員本人を含む、２～４名のグループ旅行で同一路線往復利用の場合におトクに利用できる運賃です。会員本人はどの路線でも往復1万マイル（一部の空港利用では旅客施設使用料が別途必要）で、同行者は特別な割引運賃で利用できます。ただしＡＮＡカードファミリーマイルでは利用できないのと、変更やマイルの払い戻しができない等の条件があります。

◀このＱＲコードで「マイルでいっしょ割」のホームページに直接アクセスできます。

◀マイルでいっしょ割
ＡＮＡだけのマイル会員向けの運賃です。

ANA国内線特典航空券交換マイル数一覧

ANA国内線　片道一区間

片道区間/シーズン	区間例	L	R	H
0〜300マイル	東京⇔大阪、東京⇔小松	5,000	6,000	7,500
301〜800マイル	東京⇔札幌、東京⇔福岡	6,000	7,500	9,000
801〜1,000マイル	東京⇔沖縄、札幌⇔福岡	7,000	9,000	10,500
1,001〜2,000マイル	東京⇔石垣、札幌⇔沖縄	8,500	10,000	11,500

ANA国内線（沖縄離島・那覇乗継）往復（4区間全旅程）

全旅程の区間/シーズン	区間例	L	R	H
601〜1,600マイル	福岡⇔沖縄（那覇）⇔宮古	12,000	15,000	18,000
1,601〜2,000マイル	大阪⇔沖縄（那覇）⇔宮古・石垣	14,000	18,000	21,000
2,001〜4,000マイル	札幌⇔沖縄（那覇）⇔宮古・石垣	17,000	20,000	23,000

ANA国内線特典航空券シーズン区分

シーズン区分（2024年）

L：ロウ（閑散期）	1/11〜2/29、4/4〜4/24、12/1〜12/25
R:レギュラー（通常期）	3/1〜3/7、5/7〜8/1、8/19〜11/30
H:ハイ（繁忙期）	1/1〜1/10、3/8〜4/3、4/25〜5/6、8/2〜8/18、12/26〜12/31

シーズン区分（2025年3月まで）

L：ロウ（閑散期）	1/9〜2/28
R:レギュラー（通常期）	3/1〜3/13
H:ハイ（繁忙期）	1/1〜1/8、3/14〜3/31

＊2025年4月以降のシーズン区分は2024年3月頃発表予定

特典航空券で使う④

ANA国際線特典航空券

ANA国際線特典航空券はANAグループ国際線全路線（Air Japanの成田―バンコク便を除く）が**往復旅程で利用でき、片道は利用できません**。日本国内線への乗り継ぎはANA便のみ（他社運航のコードシェア便の日本国内線も対象、IBEXエアラインズ便名は不可）となります。

●交換に必要なマイル数は搭乗クラス・区間・シーズンで決まる

国内線とは異なるゾーン別シーズン区分、搭乗クラス（ファーストクラス、ビジネスクラス、プレミアムエコノミー、エコノミークラス）と搭乗区間で交換マイル数が決まります。往路と復路を異なるクラスでの利用も可能です。

●旅程に関する条件

①**目的地**：出発地から必要マイル数が最も高い地点。

②**経由**：往路・復路それぞれ最初と最後の都市を経由できません。

③**出発地と最終帰着地が異なる場合**：同一国内であること。

④**出発地と最終帰着地が異なる場合または往路到着地と往路出発地が異なる場合**：同一エリア内であること。

●ポイント

❶AMC国際線特典航空券は復路搭乗日の355日前（出発日含まず）午前9時（日本時間）から第一区間出発の96時間前まで申し込み可能。

❷ANA国内線特典航空券と異なり、ANA国際線特典航空券はキャンセル待ち（片道につき1区間まで）が可能。

❸日本発では途中降機はできないが、海外発の場合は目的地以外に1か所可能。乗り換えは日本国内で往路・復路各2回まで可能。

⑤往路到着地と復路出発地が異なる場合：必要マイル数は各ゾーンで必要とされるマイル数の1／2の合算となる。

⑥途中降機・乗り換え：日本発は途中降機はできませんが、海外発は目的地以外に1か所可能。また乗り換えは日本国内で往路・復路各2回まで可能で、途中降機はその回数に含まれます。

●申し込みの期日と発券条件

復路搭乗日の355日前（出発日含まず）午前9時（日本時間）から第一区間出発の96時間前まで申し込み可能です。指定の発券期限または出発の14日前までに発券が完了していない場合（ただし発券期限を別途案内された場合はその期限内）には、予約は自動的にキャンセルされます。旅程全区間の予約が取れていることが発券の条件です。

●上位クラスの申し込みとキャンセル待ち

人気路線やファーストクラスやビジネスクラスは競争が激烈ですから、復路搭乗日の355日前から申し込めることに着目し、できる限り早く申し込みましょう。キャンセル待ち（片道につき1区間まで）も可能です。

●その他の注意事項

①発券手数料：WEBではなく電話での予約・発券には発券手数料が必要です。

◀このQRコードで「ANA国際線特典航空券」のホームページに直接アクセスできます。

◀羽田空港第2ターミナルビル新国際線エリア
ANAの国際線は新しいエリアでの搭乗を開始しました。

②**変更**：航空券の有効期間内で搭乗日ならびに便の変更が可能です。航空会社、搭乗者、区間、経由地の変更はできません。また手続きは空港や予約電話窓口ではなく、AMC専用ホームページやマイレージ事務局で、予約済便の出発前かつ搭乗希望便出発の24時間前まで可能。予約済の便の出発までに予約の変更・取り消しがなかった場合は、それ以降の変更はできません。

③**日本国内線区間の座席**：国際線区間がファーストクラスやビジネスクラスであっても、日本国内線区間は普通席のみ予約可能。

④**幼児・小児のマイル数**：座席を使用する幼児・小児が特典航空券を利用の場合、大人と同じマイル数が必要。座席を必要としない幼児（2歳未満）は、同伴する大人の特典航空券と同じ搭乗クラスの必要マイル数の10％での利用が可能。

⑤**マイル不足の追加支払い**：特典交換に必要なマイル数に達していない場合、不足分を現金やANA SKYコインなどで補うことはできません。

⑥**有効期限**：旅行開始日から1年間（発券から1年以内に旅行を開始することが必要）。発券時から起算し最長2年以内。

⑦**各種問い合わせ**：国内線特典航空券より複雑な仕組みなので、不明な点はWEBで申し込む前にマイレージ事務局に問い合わせて確かめることをお勧めします。

ANA国際線特典航空券エリア区分

エリア1	北米、ハワイなど
エリア2	欧州、中東、アフリカ、ロシア（ウラル山脈以西）など
エリア3	日本、韓国、中国、東南アジア、南アジア、南西太平洋、ロシア（ウラル山脈以東）など

日本地区会員ANA国際線特典交換マイル数一覧

日本(Zone1)発ANA国際線特典航空券(往復)交換マイル数

2024年2月28日現在

( )数値は2024年4月18日以降搭乗便適用

搭乗クラス	ファーストクラス			ビジネスクラス		
行先/シーズン	L	R	H	L	R	H
Zone2(韓国,ロシア1)	−	−	−	25,000	30,000	33,000
Zone3(アジア1)	−	−	−	35000	40,000	43,000
Zone4(アジア2)	105,000	105,000	114,000	55,000	60,000	63,000
Zone5(ハワイ)	120,000	120,000	129,000	60,000	65,000	68,000
		(140,000)	(160,000)	(80,000)	(85,000)	(90,000)
Zone6(北米)	150,000	150,000	165,000	75,000	85,000	90,000
		(170,000)	(200,000)	(100,000)	(105,000)	(110,000)
Zone7(欧州,ロシア2)	165,000	165,000	180,000	80,000	90,000	95,000
		(190,000)	(220,000)	(110,000)	(115,000)	(120,000)
Zone10(オセアニア)	−	−	−	65,000	75,000	80,000

搭乗クラス	プレミアムエコノミー			エコノミークラス		
行先/シーズン	L	R	H	L	R	H
Zone2(韓国,ロシア1)	−	−	−	12,000	15,000	18,000
Zone3(アジア1)	30,000	33,000	36,000	17,000	20,000	23,000
Zone4(アジア2)	46,000	51,000	54,000	30,000	35,000	38,000
Zone5(ハワイ)	53,000	58,000	61,000	35,000	40,000	43,000
Zone6(北米)	62,000	72,000	77,000	40,000	50,000	55,000
Zone7(欧州,ロシア2)	67,000	77,000	82,000	45,000	55,000	60,000
Zone10(オセアニア)	54,000	62,000	67,000	37,000	45,000	50,000

ANA国際線特典航空券(日本発着)2024年シーズン区分

行先(発着)	L(ローシーズン)	R(レギュラーシーズン)	H(ハイシーズン)
Zone2(韓国,ロシア1)、Zone3(アジア1)、Zone4(アジア2)	1/4〜2/8、4/1〜4/24 5/13〜6/30、12/1〜12/15	2/9〜3/31、7/1〜7/20 8/28〜11/30	1/1〜1/3、4/25〜5/12 7/19〜8/25、12/16〜12/31
Zone6(北米)、Zone7(欧州、ロシア2)	1/4〜2/29、4/1〜4/24	3/1〜3/31、5/13〜7/18 8/26〜12/15	1/1〜1/3、4/25〜5/12 7/19〜8/25、12/16〜12/31
Zone6(ハワイ)、Zone7(オセアニア)	1/4〜2/29、4/1〜4/24 5/13〜5/31	3/1〜3/31、6/1〜7/18 8/26〜12/15	1/1〜1/3、4/25〜5/12 7/19〜8/25、12/16〜12/31

2025年シーズン区分(2025年3月分まで)

行先(発着)	L(ローシーズン)	R(レギュラーシーズン)	H(ハイシーズン)
Zone2(韓国,ロシア1)、Zone3(アジア1)、Zone4(アジア2)	1/4〜1/27	1/28〜3/31	1/1〜1/3
Zone6(北米)、Zone7(欧州、ロシア2)	1/4〜2/28	3/1〜3/31	1/1〜1/3
Zone5(ハワイ)、Zone10(オセアニア)	1/4〜2/28	3/1〜3/31	1/1〜1/3

2025年4月以降のシーズン区分は2025年3月頃に発表予定

特典航空券で使う⑤

提携航空会社特典航空券

●片道利用は不可

提携航空会社特典航空券はスターアライアンス加盟航空会社（スターアライアンスコネクティングパートナー含む）なら国内線乗継（ANA便のみ）もできますが、それ以外のAMC提携航空会社では、単一のその会社運航便の旅程のみの利用となります。片道での交換はできません。

●必要マイル数は搭乗クラス・ゾーン間で決まる

シーズン区分はありません。搭乗クラス（ファーストクラス、ビジネスクラス、エコノミークラス）、搭乗ゾーン間で交換に必要なマイル数が決まります。プレミアムエコノミーは利用できません。往路と復路を異なるクラスでの利用も可能で、往路・復路それぞれに必要なマイル数の1／2を適用します。乗り継ぎのある旅程で、複数のクラスが混在する場合は、往路・復路それぞれに上位クラスのマイル数が適用されます。

●ポイント

❶提携航空会社特典航空券の途中降機の規定はANA国際線特典航空券と異なり、日本発・海外発とも目的地以外に往路・復路いずれか1回可能。
❷発券期限内（第一区間の出発96時間前）に、旅程全区間の予約が取れていることが発券の条件。キャンセル待ちは不可。
❸出発地と目的地の組み合わせによって、世界一周の旅程を除き、乗り換え地点に制限あり。

●旅程に関する条件

①目的地：出発地から必要マイル数が最も高い地点。

②経由：往路・復路それぞれ最初と最後の都市を経由できません。

③乗り換え地点1：出発地と到着地のエリアの組み合わせで乗り換え地点の制限があります（別表のエリア別乗り換え地点制限（P43）参照）。

④乗り換え地点2：出発地からの必要マイル数がより高いゾーンにある都市を乗り換え地点にはできません。また乗り換え地点から目的地までの必要マイル数が出発地から目的地までの必要マイル数を上回るような乗り換えはできません。

⑤出発地と最終帰着地が異なる場合：同一国内かつ同一ゾーン内であること。

⑥往路到着地と往路出発地が異なる場合：同一エリア内であること。

⑦往路到着地と復路出発地が異なる場合：必要マイル数は各ゾーンで必要とされるマイル数の1／2の合算となる。

⑧途中降機・乗り換え：日本発・海外発とも目的地以外に往路・復路いずれか1回可能です。また乗り継ぎは日本国内で往路・復路各2回まで、さらに日本以外でも往路・復路各2回まで可能ですが、途中降機もこれに含まれます。

●申し込みの期日・発券条件・キャンセル待ち

復路搭乗日の355日前（出発日含まず）午前9時（日本時間）から第一

◀このQRコードで「提携航空会社特典航空券」のホームページに直接アクセスできます。

◀LOTポーランド航空カウンター
スターアライアンス加盟AMC提携航空会社です。

区間出発の96時間前まで申し込み可能で、発券期限内に旅程全区間の予約が取れていることが発券の条件です。キャンセル待ちはできません。

●その他の注意事項

①**発券手数料**：WEB以外の電話での予約・発券には発券手数料が必要です。

②**変更**：航空券の有効期間内で搭乗日ならびに便の変更が出発前かつ搭乗希望便出発の96時間前まで可能。手続きは空港や予約電話窓口ではなく、ANAウェブサイトかマイレージ事務局で行い、ANAウェブサイトでの変更は、航空券が未使用である場合に限り、一律旅程の第一区間の96時間前まで可能。航空会社、搭乗者、区間、経由地の変更はできません。予約済の便の出発までに予約の変更・取り消しがなかった場合は、それ以降の変更はできません。

③**日本国内線区間の座席**：国際線区間がファーストクラスやビジネスクラスであっても、日本国内線区間は普通席のみ予約可能。

④**幼児・小児のマイル数**：座席を使用する幼児・小児が特典航空券を利用の場合、大人と同じマイル数が必要。座席を必要としない幼児（2歳未満）は、同伴する大人の特典航空券と同じ搭乗クラスの幼児運賃航空券の購入が必要です。

⑤**マイル不足の追加支払い**：特典交換に必要なマイル数に達していない場合、不足分を現金やANA SKY コインなどで補うことはできません。

提携航空会社特典航空券乗り換えエリア制限

<table>
<tr><th></th><th colspan="3">到着地</th></tr>
<tr><th>出発地</th><th>エリア1</th><th>エリア2</th><th>エリア3</th></tr>
<tr><td rowspan="2">エリア1</td><td>エリア2</td><td rowspan="2">エリア3</td><td rowspan="2">エリア2</td></tr>
<tr><td>エリア3</td></tr>
<tr><td rowspan="2">エリア2</td><td rowspan="2">エリア3</td><td>エリア1</td><td rowspan="2">エリア1</td></tr>
<tr><td>エリア3</td></tr>
<tr><td rowspan="2">エリア3</td><td rowspan="2">エリア2</td><td rowspan="2">エリア1</td><td>エリア1</td></tr>
<tr><td>エリア2</td></tr>
</table>

エリア1	北米・中米・南米、ハワイ　等
エリア2	欧州、中東、アフリカ、ロシア（ウラル山脈以西）　等
エリア3	日本、韓国、中国、東南アジア、南アジア、南西太平洋、ロシア（ウラル山脈以東）　等

⑥有効期限：旅行開始日から1年間（発券から1年以内に旅行を開始することが必要）。発券時から起算し最長2年以内。

⑦各社ごとの例外規定：提携航空会社や旅程、運送ルールによって異なる例外規定が多数あるのでホームページの詳細規定を見逃さないように注意深く参照すると同時に不明点は問い合わせを活用する。

⑧各種問い合わせ：国内線特典航空券より複雑な仕組みなので、不明な点はWEBで申し込む前にマイレージ事務局に問い合わせ確かめることをお勧めします。

日本(Zone1-A,Zone1-B)発着提携航空会社特典航空券(往復)交換マイル数 **2024年2月28日現在**

( )数値は2024年4月18日以降予約・発券分適用

搭乗クラス⇒	ファーストクラス		ビジネスクラス		エコノミークラス	
目的地/ゾーン ⇓	出発地		出発地		出発地	
	Zone1-A	Zone1-B	Zone1-A	Zone1-B	Zone1-A	Zone1-B
Zone2(韓国、ロシア1)	45,000	54,000	30,000	33,000	15,000	18,000
Zone3(アジア1)	60,000	69,000	40,000	43,000	20,000	23,000
Zone4(アジア2)	105,000	114,000	60,000	63,000	35,000	38,000
Zone5(ハワイ)	120,000	129,000	65,000	68,000	40,000	43,000
	(140,000)	(151,000)	(85,000)	(89,000)		
Zone6(北米)	150,000	165,000	85,000	90,000	50,000	55,000
	(170,000)	(187,000)	(110,000)	(117,000)		
Zone7(欧州、ロシア2)	165,000	180,000	90,000	95,000	55,000	60,000
	(190,000)	(207,000)	(115,000)	(121,000)		(62,000)
Zone8(アフリカ・中東)	設定なし	210,000	設定なし	110,000	設定なし	70,000
	設定なし	(290,000)	設定なし	(185,000)		(100,000)
Zone9(中南米)	設定なし	270,000	設定なし	143,000	設定なし	90,000
		(327,000)		(195,000)		(115,000)
Zone10(オセアニア・ミクロネシア)	135,000	150,000	75,000	80,000	45,000	50,000
			(85,000)	(91,000)		

Zone1-A：国際線往復2区間のみ又は国際線往復2区間に加え日本国内のみで乗り継ぎをしている旅程
Zone1-B：Zone1-A以外の旅程またはZone1-Aで設定のない場合
Zone 1-AとZone 1-Bを組み合わせて使うことはできない。

特典航空券で使う⑥

スターアライアンス世界一周特典航空券

●利用区間数最大の夢の特典航空券

スターアライアンス加盟社便を利用して世界一周がＡＭＣの提携航空会社特典航空券で可能です。搭乗可能区間数は最大12区間で、これに総距離に含まれない4区間まで地上交通区間や、同じ都市での異なる空港間の移動を加えられます。途中降機は最大8回（内欧州内は3回まで、日本国内は4回まで）可能です。太平洋と大西洋を航空機で各1回横断し、出発国に戻る最後の国際線搭乗は最初の国際線搭乗から10日目以降になります。

●旅程に関する条件

①**全旅程の距離**：区間基本マイレージの合計に応じて必要マイル数を算出します（地上交通区間は移動マイルとして計算に含めません）。

②**必須条件**：太平洋と大西洋を1回ずつ飛行機で横断する必要があります。

③**ルート**：東回り、あるいは西回りのどちらかで逆回りはできません。

④**クラス混在**：旅程全体に上位クラスの必要マイル数を適用。

●ポイント

❶スターアライアンス世界一周特典航空券ではAMCの特典航空券では最大の区間数（最大12区間と最大4区間の地上移動区間）が利用できる夢の特典航空券。

❷スターアライアンス世界一周特典航空券は全区間の予約が取れることが発券条件。

❸就航便の有無をスターアライアンスのホームページや予約システム（BOOK&FLY）で調べ、自分のプランを作成し予約する。旅程の事前作成なしでの予約は非現実的。

◀ここのQRコードで「スターアライアンス世界一周特典航空券」のホームページに直接アクセスできます。

●申し込みの期日と発券条件

搭乗日の355日前（出発日含まず）午前9時（日本時間）から可能で、全区間の予約が取れることが発券条件です。

●予約には事前の路線・就航便の下調べが必須

電話窓口での申し込みになりますが、事前に搭乗希望区間にスターアライアンス航空会社の就航便の有無をスターアライアンスのホームページや世界一周運賃予約システム（BOOK&FLY）で調べて旅程が作成できます。旅程の事前作成なしの予約は非常に時間がかかり現実的ではありません。

●その他の注意事項

①**旅程以外の基本条件**：提携航空会社特典航空券に準じます。

②**各種問い合わせ**：非常に複雑な条件なので、時間に余裕をもって申し込む前にマイレージ事務局に問い合わせをして確かめることをお勧めします。

スターアライアンス加盟航空会社特典航空券交換マイル数

搭乗マイル数合計	ファーストクラス	ビジネスクラス	エコノミークラス
4,001～7,000	90,000	63,000	38,000
7,001～9,000	100,000	68,000	43,000
9,001～11,000	120,000	85,000	55,000
11,001～14,000	140,000	90,000	60,000
14,001～18,000	160,000	105,000	65,000
18,001～20,000	180,000	115,000	75,000
20,001～22,000	200,000	125,000	85,000
22,001～25,000	220,000	145,000	100,000
25,001～29,000	260,000	170,000	120,000
29,001～34,000	300,000	200,000	140,000
34,001～39,000	340,000	220,000	160,000
39,001～44,000	390,000	270,000	180,000
44,001～50,000	450,000	300,000	200,000

ANA MILEAGE

今週のトクたびマイルで使う

毎週火曜日の正午12時にＡＮＡホームページにおいて発表される路線（国内）を、期間限定（発表日翌日から1週間）で、通常よりも少ないマイル数で国内線特典航空券に交換できるＡＭＣ独自のＷＥＢサービスです。

●サービスの概要と注意点

①片道3千マイルから通常よりも少ないマイル数で特典航空券が交換可能。
②本サービスで発券された特典航空券の有効期限は、対象搭乗期間終了日まで。
③予約開始は水曜日0時から搭乗日前日までＷＥＢ限定。
④予約を取り消してマイル口座へマイルを戻す手数料は通常と同じ。
⑤一部路線が告知後、運休・減便等により変更となる場合もあります。

●ポイント

❶毎週火曜日の正午12時に発表される国内線特典航空券が期間と路線が限定で、通常より少ないマイル数で交換できるＷＥＢ限定サービス。
❷特典予約は発表日翌日（水曜）午前0時から搭乗日前日まで。
❸特典キャンセルしマイル口座戻しの手数料は通常通り。

◀このＱＲコードで「今週のトクたびマイル」のホームページに直接アクセスできます。

ピーチポイントで使う

ANAマイルはANA系列のピーチの航空券の購入等に使えるピーチポイントに交換できます。ピーチポイントは500マイルから交換可能です。ANAが就航していないピーチの就航路線をANAマイルで利用できます。なお2022年10月5日より、ANAのWEBサイトの空席照会でピーチ国内線全便のスケジュール表示およびピーチ予約サイトへのリンク表示が開始となり、ANAマイルを使ったフライトの選択肢が広がりました。

●サービスの概要と注意点

①マイルをピーチポイントに交換するには交換用のクーポン（eギフトカード）を期限までにピーチポイントに交換します。

②ピーチポイントへの交換期限は交換日によって異なります。

③ピーチポイントを支払いに使うと支払手数料が優遇されます。

④支払の一部をピーチポイントに支払い、残金をクレジットカードで支払う場合はクレジットカード支払手数料が適用されます。

⑤交換したピーチポイントの有効期限は180日間です。

●ポイント

❶ピーチポイントの交換単位は500マイルから1万マイルの4タイプ。

❷交換率ではANAマイルの90％と減衰するが、支払い手数料で優遇される。

❸ANAの就航していないピーチの路線にANAマイルを使ってタダで搭乗できる方法。

◀このQRコードで「ピーチポイント」のAMCホームページに直接アクセスできます。

アップグレード特典で使う①

ANA国際線アップグレード特典

ワンランク上の搭乗クラスへ変更できるサービスがアップグレードです。従来航空会社各社が独自の基準で特定の搭乗客に提供していたサービスですが、AMCではマイルと交換して、マイレージ会員なら誰でも利用できます。ANA国際線アップグレード特典は、搭乗1区間ごとのマイル交換特典で、距離区分とアップグレードされるクラスで必要マイル数が異なります。必要マイル数と対象の予約クラスは別表（P49）を参照ください。

●利用法と注意点

①予約クラスによって、アップグレード特典の対象外の航空券もあります。
②アップグレード特典は1区間単位。
③アップグレード特典利用時の搭乗マイルとANAプレミアムポイントはアップグレード前の購入時の航空券の予約クラスに基づき積算。
④エコノミークラスからファーストクラスのアップグレードは不可。
⑤利用には全区間の購入済み航空券（アップグレード前のクラス）が必要。

●ポイント

❶アップグレードとはワンランク上の搭乗クラスへ変更できるサービス。AMCではマイルと交換してマイレージ会員の誰もが利用できる。
❷運賃別の予約クラスによって、アップグレード特典の対象外の航空券もある。
❸利用には全区間の購入済み航空券（アップグレード前のクラス）が必要。

◀このQRコードで「ANA国際線アップグレード特典」のホームページに直接アクセスできます。

⑥ＡＮＡコードシェア便での利用不可。
⑦空席待ちが出発当日まで可能。
⑧旅程開始エリアとは、航空券の国際線第一区間の出発地区を指します。
⑨特典未使用でのマイルの戻し入れ手数料は無料。
⑩ＡＮＡカードファミリーマイルとＡＮＡマイレージクラブファミリーアカウントサービス（ＡＦＡ）に参加の家族は、交換に必要なマイル数を合算利用可。

●アップグレードポイントの利用

プレミアムサービス会員には特別なポイントとして「ＡＮＡアップグレードポイント」が付与されます。ＡＭＣのプレミアムサービス会員はこのポイントを利用してもＡＮＡ国際線でのアップグレードも可能です。詳しくは「プレミアムメンバーサービスを使いこなす」（Ｐ１７２）を参照ください。

ANA国際線アップグレード特典必要マイル数チャート

1区間(片道)の距離	エコノミークラス ⬇ プレミアムエコノミー	プレミアムエコノミーまたはエコノミークラス ⬇ ビジネスクラス	ビジネスクラス ⬇ ファーストクラス
0〜2,000	9,000	12,000	20,000
2,001〜3,500	15,000	18,000	30,000
3,501〜4,500	15,000	20,000	35,000
4,501〜5,500	20,000	25,000	40,000
5,501〜	20,000	28,000	45,000

ANA国際線アップグレード特典予約クラス

旅程開始エリア	エコノミークラス ⬇ プレミアムエコノミー	プレミアムエコノミーまたはエコノミークラス ⬇ ビジネスクラス	ビジネスクラス ⬇ ファーストクラス
日本地区旅程開始	Y/B/M/U/H/Q/V	G/E/Y/B/M/U	J/C/D/Z
日本地区以外の旅程開始	Y/B/M/U/H/Q/V	G/E/Y/B/M/U/H	J/C/D/Z

アップグレード特典で使う②
スターアライアンスアップグレード特典

ＡＭＣではＡＮＡグループ便以外のスターアライアンス加盟航空会社便でも、ＡＮＡマイルを使ったアップグレード特典と交換が可能です。

●本特典で特に留意すべき条件

アップグレードが完了した時点で、元の（下位クラスの）予約は自動的にキャンセルされます。内容の確認方法は、搭乗の航空会社への問い合わせとなります。本特典を未使用の場合は無料でマイルの払い戻しができます。

●その他の注意点

①予約出発便の24時間前まで空席待ちが可能です。
②申込期限は24時間前までで、当日申し込みはできません。
③アップグレードのみの取り消しは不可。搭乗予約も同時に取り消されます。
④一部ファーストクラスとエコノミークラスの2クラス設定の便では、エコノミークラスからファーストクラスへのアップグレードが可能です。その場

●ポイント

❶ＡＭＣではスターアライアンス加盟航空会社便でのアップグレードがマイル交換で可能。
❷ＡＮＡ国際線アップグレード特典とは利用条件と運用の仕組みが異なる。
❸ユナイテッド航空便はＡＭＣのＡＮＡアップグレードポイントでも利用可能。

◀このＱＲコードで「スターアライアンスアップグレード特典」のホームページに直接アクセスできます。

合はエコノミーからビジネスクラスの交換マイル数が必要です。

⑤ユナイテッド航空便はANAアップグレードポイントでもアップグレードが可能。

⑥その他利用できないケースが航空会社理由によってあります。

スターアライアンスアップグレード特典必要マイル数一覧

片道(1区間)の距離	エコノミークラス→ビジネスクラス(1区間)	ビジネスクラス→ファーストクラス(1区間)
0-2,000	12,000	20,000
2,001-2,500	18,000	30,000
2,501-3,000	22,000	35,000
3,001-3,500	24,000	40,000
3,501-4,000	26,000	45,000
4,001-4,500	28,000	45,000
4,501-5,000	30,000	50,000
5,001-5,500	32,000	50,000
5,501-7,000	34,000	50,000
7,001-9,000	36,000	55,000
9,001-10,000	38,000	55,000
10,001以上	40,000	60,000

スターアライアンスアップグレード特典予約クラス付則

航空会社	エコノミークラス→ビジネスクラス	ビジネスクラス→ファーストクラス
中国国際航空(CA)	Y/B/G	C/D/J
ルフトハンザドイツ航空(LH)	Y/B/E/G	C/D/J
シンガポール航空(SQ)	S/T/P/L(プレミアムエコノミー設定のある機材) Y/B/E(プレミアムエコノミー設定のない機材)	C/Z/J/U
スイス インターナショナル エア ラインズ(LX)	Y/B/U/M	C/J
エアカナダ(AC)	Y/B/O	C/D
ニュージーランド航空(NZ)	Y/B/U/E/O	C/D
オーストリア航空(OS)	Y/B/E/G	C/D
ブリュッセル航空(SN)	Y/B/E/G	C/D
エバー航空(BR)	Y/B/K	C/D
スカンジナビア航空(SK)	Y/B/S	C/D
シンセン航空(ZH)	Y/B/G/M/U	C/D
ユナイテッド航空(UA)	O/A/Y/B/M/E	C/D
エチオピア航空(ET)	Y/B/G/S	C/D
その他の航空会社	Y/B	C/D

ANA MILEAGE

ANA国際線超過手荷物料金で使う

海外旅行に行った帰りに、訪問先にて購入した物品が思いのほかかさばり、手荷物の重量制限を超過するということはよくあることです。超過分の手荷物料金は、臨時の出費としては意外に高額と感じると思います。そんな時の便利な交換特典がこの特典です。超過手荷物料金をＡＮＡ運航便が就航している全空港でマイルを使いその場ですぐに利用できます。

●超過手荷物料金の算出

手荷物の超過料金は区間、個数、重量、サイズの四つの条件で算出されます。個数が超過して、その重量も規定以上（1個23kg以下）なら重量分も、さらにサイズもオーバーならその条件での追加料金が加算されます。料金区分のエリアでも必要マイル数は異なります。エリア区分は異なるエリア間、同一エリア内、日本国内の3区分です。

●注意事項

①ＡＮＡ運航便かつＡＮＡ便名で予約されている搭乗時のみ対象。

●ポイント

❶ANA運航便に限り、国際線利用時の超過手荷物料金を空港でマイルを使い支払うことができる。
❷超過手荷物料金は区間、個数、重量、サイズの4条件で算出される。
❸1マイル＝1円相当のマイル交換率。ただし日本以外での支払いの場合は外貨設定額となり、マイル利用のほうが有利となるケースが多い。

◀このQRコードで「ANA国際線超過手数料料金のANAマイル支払い特典」のホームページに直接アクセスできます。

②国際線との乗り継ぎ等、国際線手荷物ルールが適用される国内区間も可能。

③ANAカードファミリーマイルおよびANAマイレージクラブファミリーアカウントサービス（AFA）は適用対象外。

ANA国際線超過手荷物料金マイル交換特典必要マイル数一覧

個数超過（受託手荷物超過1個につき）

区間	必要マイル数
アジア・オセアニア⇔北米・ハワイ・南米・欧州・アフリカ・中東	20,000
アジア・オセアニア内（日本国内除く）	10,000
日本国内	5,000

重量超過（23kg超～32kg以下）

区間	必要マイル数
アジア・オセアニア⇔北米・ハワイ・南米・欧州・アフリカ・中東	6,000
アジア・オセアニア内（日本国内除く）	6,000
日本国内	1,000

重量超過（32kg超～45kg以下）

区間	必要マイル数
アジア・オセアニア⇔北米・ハワイ・南米・欧州・アフリカ・中東	20,000
アジア・オセアニア内（日本国内除く）	20,000
日本国内	5,000

サイズ超過（3辺（縦・横・高さ）の和が158cm超～292cm以下）

区間	必要マイル数
アジア・オセアニア⇔北米・ハワイ・南米・欧州・アフリカ・中東	20,000
アジア・オセアニア内（日本国内除く）	20,000
日本国内	5,000

ANA SKYコインで使う

ANA SKYコインは1マイルから交換可能な電子クーポンです。用途は**ANAの航空券と旅行商品に限定**されます。

●1マイルから交換できる特典

1マイル単位で交換でき、マイルを無駄なく使える特典です。コインにも有効期限があり、またマイル口座には戻せません。

●有効期限と払戻し

有効期限は交換後12か月後の末日までと約1年間です。ANA SKYコインで支払った航空券と旅行商品がキャンセル可能な場合は、使用したコインが有効期限内なら手数料などを引いてコイン口座に払戻されます。

●会員区分と1回の交換マイル数で異なる交換率

マイルとの交換では1回の交換数とAMCプレミアム会員やANAカード会員など会員区分で交換レートが異なります（別表（P55）参照）。

●ポイント

❶用途はANAの航空券と旅行商品に限定され、国際線特典航空券の燃油サーチャージ等の諸費用支払いは不可。
❷1回の交換数とAMCプレミアム会員やANAカード会員など会員区分で交換レートが異なる。
❸ANA SKYコインで支払った航空券と旅行商品がキャンセル可能なら、使用したコインが有効期限内なら手数料などを引いてコイン口座に払戻し可。

◀このQRコードで「ANA SKY コイン」のホームページに直接アクセスできます。

●提携ポイントから直接ANA SKYコインへの変更も可能

ANA SKYコインへ直接交換できる提携ポイント（フォートラベル、エポス等）があり、その際注意すべき点は次の通りです。

①本人名義以外のAMCお客様番号への交換はできません。

②一度交換したANA SKYコインを元のポイントに戻すことはできません。

③一部のポイント交換では手数料がかかるものがあります。

●マイルとプレミアムポイントが獲得できる

特典航空券では付かない搭乗マイルとプレミアムポイントが、ANA SKYコインで支払いをした航空券と旅行商品で獲得できます。

●見落としがちな注意点

①ANA SKYコインで代金の全額または一部を使った航空券や旅行商品は、会員本人、会員本人様が事前に登録した特典利用者が利用でき、旅行商品は利用資格者の方が旅行代表者となる場合に利用が可能。

②1万マイル以上の交換の交換単位は1万マイル。1回20万マイルが上限。

ANA SKYコイン交換率一覧（ANAマイル→ANA SKYコイン）

交換マイル数	交換後コイン数			
	ANAマイレージクラブカード会員	ANAカード（ワイド・一般）、AMCモバイルプラス会員	ANAスーパー フライヤーズカード、ANAカード プレミアム、ANAゴールドカード	プレミアムメンバー会員
1～9,999マイル	1～9,999（1倍）	1～9,999（1倍）	1～9,999（1倍）	1～9,999（1倍）
10,000マイル	12,000（1.2倍）	12,000（1.2倍）	12,000（1.2倍）	13,000（1.3倍）
20,000マイル	24,000（1.2倍）	26,000（1.3倍）	26,000（1.3倍）	28,000（1.4倍）
30,000マイル	36,000（1.2倍）	42,000（1.4倍）	42,000（1.4倍）	45,000（1.5倍）
40,000マイル	48,000（1.2倍）	60,000（1.5倍）	60,000（1.5倍）	64,000（1.6倍）
50,000～200,000マイル	60,000（1.2倍）～240,000（1.2倍）	75,000（1.5倍）～300,000（1.5倍）	80,000（1.6倍）～320,000（1.6倍）	85,000（1.7倍）～340,000（1.7倍）

ＡＮＡ Ｐａｙで使う

ＡＮＡ ＰａｙはＡＮＡマイレージクラブ アプリで使える、２００円の支払いごとに1マイルが貯まるモバイルペイメントサービスです。この新サービスではアプリ上の二つの口座（ＡＮＡ Ｐａｙキャッシュ、ＡＮＡ Ｐａｙマイル）に事前にチャージして利用することになります。ＡＮＡマイルはＡＮＡ Ｐａｙマイルのチャージに1マイル単位で使うことが可能です。二つの口座を合算して利用はできません。本項ではＡＮＡ Ｐａｙの「ＡＮＡ Ｐａｙマイル」について解説します。「ＡＮＡ Ｐａｙキャッシュ」に関しては後述の「ＡＮＡ Ｐａｙで貯める」（Ｐ88）を参照してください。

●ＡＮＡ Ｐａｙマイルのメリット

ＡＭＣアプリのモバイルペイメントサービス「ＡＮＡ Ｐａｙ」を使うと1マイルから1マイル単位にＡＮＡマイルを各種の支払いに使うことができます。期限が迫った少ないマイルを無駄にせず特典利用できるのがメリットです。

●ＡＮＡ Ｐａｙマイルのチャージの方法

●ポイント

❶ANAマイレージクラブアプリを使い、1マイル単位でチャージして使えるモバイルペイメントサービス。
❷交換可能な上限が、1回、1日、1か月あたりの設定があり、また残高上限と有効期限もある。これらは本人確認手続きの有無で差異がある。
❸ANAマイルを1マイル単位でチャージして、自由に使えるのでマイル失効させずに使える。

▲このQRコードで「ANA Pay」のホームページに直接アクセスできます。

ANA Payの中のANA Payマイルにチャージして利用します。反映までに少し時間がかかる場合があります。ANA PayにチャージしたANAマイルは元に戻すことはできません。チャージ可能なマイル口座グループはグループ1〜グループ3となります。

●ANA Payマイルの制約事項

①ANA PayキャッシュとANA Payマイルの合算利用はできません。
②チャージ上限（1回、1日、1か月）、残高、有効期限があり、本人確認手続き実施の有無で条件は異なります。この条件はANA Payキャッシュと異なります。
③スマホのアプリ連動なので継続利用には、アプリのアップデートが必須です。

●ANA Payマイルの本人確認手続き

ANA Payでの「本人確認手続き」とは、本人確認書類を利用してANA Pay登録が登録者本人で間違いないか確認する手続きです。本人確認手続きを行うとチャージ上限、残高上限の金額があがり、オートチャージを利用できます。

ANA Pay マイルのチャージ上限マイル数

本人確認手続き		未確認	確認済
上限マイル数	1回	1〜5,000	1〜10,000
	1日	5,000	10,000
	1か月	30,000	50,000
上限残高		30,000	50,000
有効期限		使用後1年間	使用後1年間

提携ポイント交換特典で使う

提携ポイント交換特典は、一部の特定カード会員を除き、同一年度内に2万マイル（交換口数2口）までとそれ以上のマイルの交換では交換比率が異なり、交換率が3万マイル（交換口数3口）からは半減します。基本的に1万マイル単位での交換で、すべてネット申し込みとなり家族のマイルを合算しての交換はできません。

●交換ポイント率が変わらない特定カード会員とポイント

ANA To Me CARD PASMO JCB（ソラチカカード）会員でのメトロポイント、ANA TOKYU POINT ClubQ PASMOマスターカード会員でのTOKYU POINT、ANA VISA Suicaカード会員でのSuicaポイントへの入金（チャージ）は、年間3万マイル以上の交換でも交換率は減少しません。

●交換に要する期間とポイントの期限・交換率に注意

提携ポイント交換特典は交換に要する期間に差があり、最長で2か月を要

●ポイント

❶提携ポイント交換特典は一部提携カードを除き交換率が3万マイルからは半減する。
❷他のポイントへ交換すると、マイルの実質価値は大幅に減ずる。
❸メトロポイントはマイルの価値は減ずるが再度マイルへ戻せる機能がありマイルの有効期限を実質的に延長可能。

◀このQRコードで「提携ポイント」のホームページに直接アクセスできます。

するものもあり、即座に利用できないことに留意してください。また交換したポイントには一部を除き有効期限があります。他のポイントへ交換すると、マイルの実質価値は大幅に減じます。その点を承知した上で利用してください。

●再交換の思わぬ利用法

マイル失効が迫った時期にマイルを提携ポイント特典に交換することで、マイルの効力をポイントの有効期限分だけ延ばすことが可能です。さらに相互に交換できるANA To Me CARD PASMO JCB（ソラチカカード）会員でのメトロポイントのような提携ポイントなら、マイルの価値は減じますが再度マイルへ戻せる機能を利用して、マイルの有効期限を実質的に再延長することも可能です。

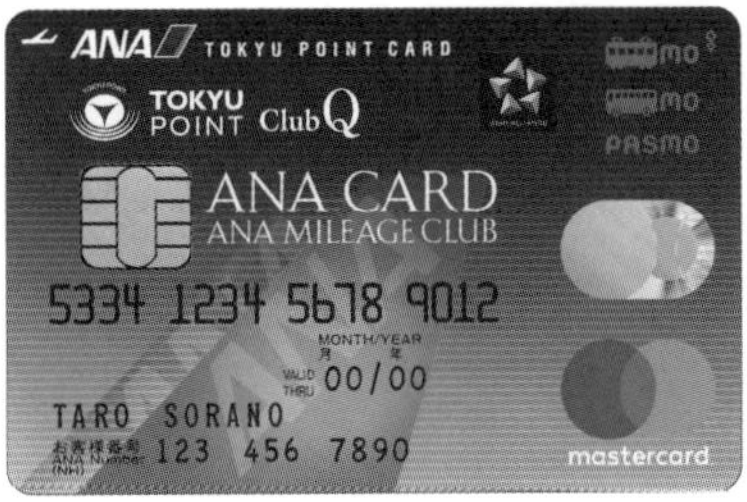

◀ANA TOKYU POINT ClubQ PASMO
3万マイル以上のポイント交換でも交換率の減少はありません。

AMC提携ポイント交換特典一覧

ポイント名 (*:特定カード会員は3口以上交換での交換率減少なし)	10,000マイル交換後のポイント数又は利用可能額	交換反映期間	有効(受取)期限	特定カード限定事項
スターバックス カード	10,000円分	10日	無期限	なし
マリオット・ボンヴォイ	10,000	8週間	24か月	なし
電子マネー「楽天Edy」	10,000円分	3日目以降	(60日)	なし
三井住友カード「キャッシュバック」	10,000円分	最短3週間	(最長4か月)	ANA VISA/マスターカード会員限定
TOKYU POINT(*)	10,000	約1週間	最長3年間	ANA TOKYU POINT ClubQ PASMO マスターカード会員限定
メトロポイント(*)	10,000	約1〜2か月	最長2年間	なし
Suica(*)	10,000円分	最短2日	受付日の翌日から翌年度末(3月末)	ANA VISA Suicaカード会員限定
nimocaポイント	10,000	約1週間	翌年の12月末日	ANA VISA nimocaカード会員限定
楽天ポイント	8,000	7〜10日	最終利用日から1年間	なし
Tポイント	10,000	約10日	最終利用日から1年間	なし
nanacoポイント	10,000	約10日	最長2年間	なし
JRタワースクエアポイント	10,000	約1〜2か月	最長2年間	JRタワースクエアカード会員
JRキューポ	10,000	約3〜4日	最長2年間	JQ SUGOCA ANA会員
ヤマダポイント	10,000	約1〜2か月	最終利用日から1年間	なし
セブンカードポイント	10,000	約1〜2か月	最長2年間	なし
タカシマヤポイント(プレミア・ゴールド限定)	10,000	約1〜2か月	16か月	タカシマヤカード《プレミアム》・《ゴールド》会員
マツキヨココカラポイント	10,000	約1か月	最長2年間	なし
PiTaPa ショップdeポイント	100,000	約1〜2か月	最長2年間	ANA JCBカード、ANA VISAカード、ANAマスターカード、ANA VISA Suicaカード会員かつ、ANA PiTaPaカード会員
名鉄ミューズポイント	10,000	約1か月	最長2年間	名鉄ミューズ会員
はやかけんポイント (**)	10,000円相当	最短15日〜最長45日	最長13か月	ANAはやかけん所持会員
伊予鉄ICい〜カード電子マネー	10,000	最短11日〜最長41日	なし	記名式「ICい〜カード」所持会員
京成グループポイント	10,000	約1〜2か月	2年間	なし
エムアイポイント	10,000	約10日	最長3年間	なし
京急プレミアポイント	10,000	約1週間	2年間	なし
Sポイント	10,000	約10日	最長2年3か月	なし
トラノコポイント	5,000	-	-	月1回1,000マイル交換限定

**:はやかけんポイントの交換は1か月につき1回に限定

ANAのネットショッピングで使う

ANAのネットショッピングの支払いにANAマイルが使えます。

●ANAマイルを使える各ネットショッピングサイトの概要と特長

①ANA Mall：広範なジャンルのネットショップが集まった2023年1月に新設されたANAのネットモールです。1マイルを1円から使え、マイルを失効させずに使うのに有用です。

②ANAショッピング A style：以前からあるAMCのネットショッピングサイト。1マイルを1円から使えます。ANAカード会員の割引（対象商品が5％）があります。

③ANAセレクション：AMC会員だけが利用できるオリジナル商品のネットショッピングサイト。5千マイルから利用できるようになりました。またプレミアム会員向け専用の限定サイトもあります。

④申し込みと送付先：各ネットショッピングをマイル利用での申込者は会員本人でなければなりませんが、送付先は日本国内なら自由に選択できるので、マイル特典利用者以外の友人や知人への贈答に使うことも可能です。

●ポイント

❶ANA関連のネットショッピングの支払いにANAマイルが使える。
❷ANA MallとANAショッピングA-styleは、1マイル＝1円で支払いに使えるネットショップ。
❸交換した商品は日本国内ならどこへでも送付可能で、マイルを使って知人や友人にプレゼントできる。

◀このQRコードで「ANA Mall」のホームページに直接アクセスできます。

宿泊で使う

ANAマイルを宿泊に使うには、「ANAトラベラーズホテル」、「ANAワールドホテル」で宿泊施設にマイルを直接支払いに利用する方法と、「ANAデジタルクーポン」や「ANAバラエティクーポン」を使い、提携宿泊施設の宿泊費の充当や独自の宿泊プランを利用する方法があります。

●ANAマイルを宿泊支払いに使う方法

①**ANAトラベラーズホテル**：国内ホテルの支払いに1マイル単位で利用可能。
②**ANAワールドホテル**：国内外のホテルの支払いに1マイル単位で利用可能。
③**ANAデジタルクーポン**：利用はIHG・ANA・ホテルズグループジャパンが対象。1枚1千円単位での支払いが可能。最大1回5万マイル。
④**ANAバラエティクーポン**：利用は日本国内の指定宿泊施設に独自の宿泊プランで宿泊可能。交換マイル数（2～10万マイル）は施設ごとに異なります。

●利用できる宿泊施設の範囲など

ANAワールドホテルは海外・国内のホテルや旅館もマイルで宿泊でき、

●ポイント

❶ANAマイルを宿泊で利用するにはANAトラベラーズホテル、ANAワールドホテル、ANAデジタルクーポン、ANAバラエティクーポンの四つの方法がある。
❷クーポンでの宿泊利用は会員本人とその同行者に限定。
❸ANAデジタルクーポンでIHG・ANA・ホテルズグループジャパンにOne Rewards対象のプランならポイントまたはマイルが積算される。

国内温泉旅館や食事つき宿泊プランにも使えます。ANAバラエティクーポンの利用者は申し込み会員本人とその同行者に限定です。マイル数によって利用できるホテルや部屋タイプ、食事プラン等が異なります。ホテルによってクーポンが使えない期間（利用除外日）があります。ANAワールドホテルではマイル払いの場合のホテルマイルは積算対象外です。

●ANAデジタルクーポンでのホテルマイル積算

ANAデジタルクーポンでIHG・ANA・ホテルズグループジャパンに泊った場合は、宿泊のプランがマイル／IHG One Rewardsのポイント積算対象であれば、所定のホテルマイル／ポイントが積算されます。

●マイル払いの払い戻し

ANAワールドホテルではマイル払いでの解約（キャンセル）ではマイルは全額払い戻しされますが、期間が3週間程度かかります。またANAバラエティクーポン、ANAデジタルクーポンは、申し込み後の取り消し、マイルの返却はできません。

◀このQRコードで「ホテル・宿泊にマイルを使う」のホームページに直接アクセスできます。

◀ANAホリデイ・イン金沢スカイ（客室）ANAデジタルクーポン利用でもマイルが再積算されます。

ANAデジタルクーポンで使う

以前あった「ANAご利用券」や「レンタカークーポン」などの代わりに、新たに2022年7月1日から利用できるようになったデジタルクーポンです。ネットでいつでも申し込みでき、すぐに利用できることと、1回最大5万円分（5万マイル）まで申し込める点が便利になりました。

●使えるサービス

①**ANA FESTA商品**：空港のANA売店で利用可能。

②**空港免税商品**：羽田、成田などの指定免税店で利用可能。

③**IHG・ANA・ホテルズグループジャパン**：詳しくは前項「宿泊で使う」参照。

④**タクシー・ハイヤー（羽田/成田空港送迎）**：イースタンエアポートモータース、松崎交通、東京MKタクシーが羽田空港と成田空港で利用可能。

⑤**空港ペットホテル**：羽田空港ペットホテルのすべてのサービスが利用可能。

⑥**ゴルフ場（早来カントリー倶楽部（北海道）、武蔵の杜カントリークラブ（埼玉県）**：フロント精算に利用可能。

⑦**Hair&Make EARTH**：全国各地のヘアサロン（EARTH）

●ポイント

❶マイルの貯め方よりも、特典の種類・内ANAグループや提携パートナーでのサービス利用時お支払いに千円単位で利用できる。

❷利用者は会員本人とその同行者に限定。

❸ニッポンレンタカーならこのクーポンで利用可能。

◀このQRコードで「ANAデジタルクーポン」のホームページに直接アクセスできます。

で利用可能。

⑧ニッポンレンタカー：全国の営業所で利用できますが、事前予約が必要です。

⑨キッザニア：東京、甲子園、福岡の入場料として利用可能。

●注意点

①有効期間：申し込み月より12か月目の末日。

②クーポンの交換可能なマイル：グループ1とグループ2。

③利用者：申し込み会員とその同行者に限定。

④その他：申し込み後の取り消し、マイルの返却は不可。

●ANAデジタルクーポンでのマイル積算

①ANA・IHGホテル：宿泊が積算対象なら、マイルかポイントが積算。

②ANA FESTA、空港免税商品：クーポン支払いでもマイルは積算。

③EARTH：正規料金でのクーポン利用はヘアサロンマイルの対象。

④その他：ニッポンレンタカー、羽田空港ペットホテル、早来カントリー倶楽部、武蔵の杜カントリークラブ、タクシー・ハイヤー（羽田／成田空港送迎）、キッザニアはクーポン支払い分はマイル積算不可。

◀ニッポンレンタカーカウンター（成田第一ターミナル）
ANAデジタルクーポンで利用できるレンタカー。

ANAバラエティクーポンで使う

以前の特典としてあった各種のクーポン券の代わりに、新たに2022年7月1日から利用できるようになったのがデジタルクーポンタイプの交換特典です。マイルを宿泊や食事、スパ、駐車場代などに使うことができます。1万マイルから10万マイルまでの11種類のコースがあります。

●使えるサービス

①**空港アクセス**：大阪国際空港一般駐車場。
②**アクティビティ**：沖縄美ら海水族館、乗馬クラブクレイン。
③**食事**：ジョエル・ロブション、帝国ホテル東京他。
④**リラクセーション**：てもみんグループ。
⑤**宿泊**：ホテルオークラ&リゾーツ、東急ホテルズ他。
⑥**スパ**：シャングリ・ラ 東京。

●注意点

①**有効期間**：申し込み月より12か月目の末日。

●ポイント

❶交換マイル数が1万マイルから10万マイルまで11種類のコースのあるデジタルクーポンタイプの交換特典。
❷宿泊に利用できるホテルグループ内でもクーポン利用対象のホテルやプランは限定。
❸交換後のマイル返却ができない点ではANAデジタルクーポンと同じだが、千円単位で支払いに使えるANAデジタルクーポンより用途があらかじめ制約される。

◀このQRコードで「ANAバラエティクーポン」のホームページに直接アクセスできます。

②クーポンの交換可能なマイル：グループ1（通常マイル）とグループ2（期間限定マイル）。

③利用者：申し込み会員とその同行者に限定。

④その他：申し込み後の取り消し、マイルの返却は不可。

◀羽田エクセル東急ホテル（羽田空港第二ターミナル側入口）ANAバラエティークーポンで利用できる空港ホテル。

ANAバラエティクーポンで宿泊利用できるホテル一覧

企業名	必要マイル数	対象ホテル
オークラ ホテルズ & リゾーツ	20,000	ホテルイースト21他全国2か所
	30,000	ホテルオークラ新潟他全国5か所
	80,000	The Okura Tokyo
東急ホテルズ	20,000	札幌東急REIホテル他全国9か所
	30,000	羽田エクセル東急ホテル他全国12か所
サフィールホテルズ	20,000	ラグナガーデンホテル他全国4か所
	80,000	ザ・ウィンザーホテル洞爺 リゾート&スパ
プリンスホテルズ & リゾーツ	20,000	東京プリンスホテル他全国12か所
	30,000	グランドプリンスホテル広島他全国4か所
	50,000	ザ・プリンス 京都宝ヶ池他全国4か所
グランド ハイアット 福岡	30,000	宿泊プランによって必要マイルが異なる
	40,000	
	60,000	
セント レジス ホテル 大阪	50,000	宿泊プランによって必要マイルが異なる
	100,000	
KIZASHI THE SUITE	60,000	宿泊プランによって必要マイルが異なる
	80,000	
	100,000	
ザ・リッツ・カールトン沖縄	80,000	ザ・リッツ・カールトン沖縄

その他のマイル利用法

①1000マイルと交換できる各種クーポン：ANAマイレージモールのパートナーショップで利用できる割引クーポンと、ANA FESTAクーポンが1000マイルと交換できます。

②グルメ、アクティビティなど：「ANAトラベラーズアクティビティ」でプションツアーやグルメ食材のデリバリー等に、またマネープラン個別相談クーポンや動画サービス（penguin）にマイルが使えます。

③海外レンタカー：「ANAワールドホテル・レンタカー」で利用可能。

④ANA Business Jet：10万マイルと交換。ANAビジネスジェットが手配するチャーター便に利用できる10万円分（1枚）のご利用クーポン（eギフトカード）に交換できます。1回最大10枚まで利用できます。

⑤寄附・支援：各種の寄附・社会貢献クラウドファンディング等への支援などにマイルが使えます。交換（利用）単位は対象の内容ごとに異なります。また個別に利用期間の設定があります。

⑥ANAカード会員限定特典：ANAカード会員限定のイベントに参加できる特典。ホームページに随時スケジュールが掲載されます。

●ポイント

❶AMCの交換特典には1000マイルと交換ANAマイレージモールのパートナーショップで利用できる割引クーポンやANA FESTAクーポン(eギフトカード1000円分)がある。

❷AMCと提携関係にある、各種の寄附・社会貢献・クラウドファンディング等への支援などにマイルが使えるが、個別に利用期間の設定あり。

❸ANAカード会員限定特典とは、ANAカード会員限定のイベントに参加できる特典。ホームページに随時スケジュール掲載。

PART Ⅲ ANAマイルを貯める

マイレージは当初は航空機利用に加え関連のある旅行関連のホテルやレンタカーなどから提携サービスが始まりましたが、今では様々な生活関連企業との提携サービスが拡大してきています。特にANAマイレージクラブには、世界に類をみないほど広範な提携サービスがあります。さらに我が国ではポイントサービスがあらゆる消費活動に導入されていて、こうしたポイントをマイルに交換ができることもあり、様々な分野でマイルを貯められるようになりました。税金までカードで払え、マイルが貯まる時代です。もともとはマイレージは生活を豊かに楽しむための手段なのですが、過度に熱中してしまうとそれ自体が目的になってしまいかねません。マイルを効率よく貯めるにはその仕組みの全体像を知って、毎日の消費生活で最大の効果を得る自分なりの攻略法で、無理なく利用したいものです。

AMCカード&ANAカードで貯める①

AMCカードで貯める

基本となる会員カードは誰でも入手可能なAMC（ANAマイレージクラブ）カードです。パンフレットのインスタント型の紙製カードでは、各種サービスや特典交換ができませんから、早い時点で本会員カードの申し込みをしてください。楽天Edy付きのカードはすでに発行中止となっていて、現在ではカード型のAMC一般会員カードはQRコード付きカードの1種類です。

●カード型会員証の併用

スマホユーザーには便利なAMCデジタルカードもあります。デジタルカードのメリットは申し込みがネット上で完結することと、カードがスマホの中に格納できることです。しかし電池切れなどスマホのトラブルではAMC会員の機能を発揮できなくなります。こうした点の備え、できれば再生PET素材製のカード型のAMCカードの入手を勧めます。デジタルカードと再生PET素材製のAMCカードの両方同時に同じ会員番号で使うこと

●ポイント

❶インスタントの紙製AMCカードは、各種サービスや特典交換ができないので、本会員カードをできる限り早く申し込む。

❷電池切れや、スマホのトラブル対策に対応するために再生PET素材製のAMCカードを持つほうが安全。

❸初めにデジタルカードで申し込むと再生PET素材製のAMCカードは送付されないので、再生PET素材製のAMCカードを入手後にデジタルカードをスマホにダウンロードする。

は可能ですが、**最初にデジタルカードで申し込むと再生PET素材製のAMCカードは送付されない**ので、再生PET素材製のAMCカードを初めに入手し、その後にデジタルカードをスマホにダウンロードします。

●誰でもすぐに入会できる点に注目

AMCカードのメリットは、クレジットカード機能がないので誰でもすぐに入会できるカードであることです。ANAカードやクレジット機能などがついたAMC提携カードは、入会審査や年齢制限があるなど誰もが入会できるカードではありません。AMCカードなら、毎年帰省などで定期的にANA便を利用して一緒に旅行する子供さんもマイルが獲得できます。クレジットカードの多くは、年会費などカード維持費が必要ですので、クレジット機能付きのANAカードやAMC提携カードはANAマイレージクラブの仕組みを理解してからでも遅くはありません。AMCに入会する際に、どのカードにしようかとしようと迷っているなら、まずこのANAマイレージクラブカードを申し込み、ホームページに会員ログインできるようにすることをお勧めします。

◀このQRコードで「AMC入会する」のホームページに直接アクセスできます。

◀AMCカード
誰もがすぐに入会できる会員カード。

AMCカード&ANAカードで貯める②
AMC提携カードで貯める

AMCカードには様々な企業との提携カードがあります。クレジット機能付きが多いのでANAカードと混同しやすいのですが、ANAカードではありません。クレジット機能がない一部のカードは18歳未満の方も加入でき、家族全員でマイルを増やすのに向いています。

●AMC提携カードのメリット

AMC提携カードにはANAカードと同様にクレジットカード機能が付いているものもありますが、ANAカードではありません。そのためANAカードで付く、**ANA便利用時でのボーナスマイルやANAカードに付随している各種特典は利用できません。**すでに会員になっている方も再点検して、さらに有利な利用方法ができるカードに切り替えたり増やしたりすることも一考です。ANA便搭乗時のマイルの積算ではANA便を利用される方はANAカードのほうが有利です。その点を考慮し、AMC提携カードは付帯条件次第で**AMCを利用する際に、用途を限定して併用すると、カード費**

●ポイント

❶AMCカードには様々な企業との提携カードがあり、クレジット機能付きカードが多いのでANAカードと混同しやすい。マイルの貯まり方や付帯特典はANAカードとは別。
❷ANA便搭乗時のマイルの積算率や提携サービスの多い点ではANA便を利用される方には、ANAカードが有利。
❸AMC利用のサブカードとして用途を限定して併用すると、カード費用を考慮してもメリットあり。

用を考慮してもメリットがあるケースがあります。

●クレジット機能付きのAMC提携カード

このタイプにはクレジット機能が付加されており、申込み審査があります。提携サービスの内容やマイル積算、交換の諸条件はカードごと異なります。

(1)みずほマイレージクラブカード

みずほ銀行のキャッシュカードにAMC会員カード機能が付加されたカードでクレジットカード機能（セゾンカード）が付いています。このカードのメリットは入会費、年会費、家族カード会費が全くかからないことです。

(2)ヤマダLABI ANAマイレージクラブカード

LABIカードとセゾンカード（アメリカンエキスプレスブランド）のクレジットカードにAMCカード機能が付いた多機能カードです。メリットはヤマダ電機でのショッピングの多い方には他のクレジットカード利用よりもマイルを高率で交換し貯めることができることです。

(3)PiPuCa ANAマイレージクラブカード

沖縄銀行のキャッシュカードとクレジット機能付き（JCB）の提携AMCカード。メリットは沖縄で利用接点が多い楽天Edyがカードに付い

◀このQRコードで「ANAカード以外の提携カード」のホームページに直接アクセスできます。

◀ヤマダLABI ANAマイレージクラブカード
ヤマダ電機でのショッピングで大量マイル獲得が可能。

ていることです。日常の活動範囲が沖縄銀行店舗がある地域ではない方には向かないと思います。

(4) JRタワースクエアカード ANA Kitaca

JR北海道の交通系電子マネーKitacaとクレジット機能付き（オリコカード）の提携AMCカード。このカードのメリットは交通系電子マネーポイントとANAマイルとの相互交換です。

(5) JQ SUGOCA ANA

JR九州の交通系電子マネーSUGOCAの機能とクレジット機能（JQCARDのJCBブランド）が付いたAMC提携カード。このカードのメリットは交通系電子マネーポイントとANAマイルとの相互交換と、JR九州エリアでのJQCARD提携企業での割引やポイント優待の制度です。

(6) 楽天ANAマイレージクラブカード

クレジットカードの楽天カードに電子マネー「楽天Edy」機能が付いたAMC提携カード。このカードのメリットは電子マネー「Edy」が付き、クレジットチャージでもマイル

おもなAMC提携カード年会費（税込）一覧 （＊：クレジット利用条件で次年度年会費無料）

カード名	本会員年会費		家族カード年会費		付帯機能
	一般	ゴールド	一般	ゴールド	
みずほマイレージクラブカード（ANA）	0	-	0	-	
ヤマダLABI ANAマイレージクラブカード	550 2年目以降（口座維持手数料）	-	-	-	
PiPuCa ANAマイレージクラブカード	1,375	11,000	1,980	11,000 1名無料	本会員カードのみ楽天Edy付
JRタワースクエアカード ANA Kitaca	1,100（2年目以降）	-	-	-	交通ICカードKitaca付
JQ SUGOCA ANA＊	1,375（2年目以降）	-	-	-	交通ICカードSUGOCA付
楽天ANA マイレージクラブカード＊	550（2年目以降）	-	0	-	楽天Edy付
JCBカード/ ANAマイレージクラブ＊	1,375（2年目以降）	11,000（2年目以降）	440（2年目以降）	1,100 1名無料（2年目以降）	サービス付帯年会費330円（税込）必要

が貯まることと、年会費が実質無料になることです。ＡＭＣモバイルプラスと併用すると、１００円に付き2マイル積算と高率にマイル獲得できます。また楽天系のサイト利用でさらにマイル増量ができる点です。

(7) ＪＣＢカード／プラスＡＮＡマイレージクラブ

オリジナルＪＣＢカードとのＡＭＣ提携カード。このカードのメリットは、一般カードはＭｙＪチェック登録と年間50万円（税込）ショッピング利用で翌年の年会費が無料なのと、各種の優待サービスが手厚いこと等とセブンイレブンでＯｋｉＤｏｋｉポイントとｎａｎａｃｏポイントの両方が獲得できることです。

●プリペイドカード付きのＡＭＣ提携カード

このタイプのカードにはプリペイドカード機能が付いています。クレジットカードが持てない若年層の方も利用可能で、カード加盟店での支払いでマイルが貯められ、海外利用可能なことが利点です。家族カードはありません。

ＡＮＡ ＪＣＢプリペイドカード

プリペイドカード機能が付いたＡＭＣ提携カード。メリットはクレジットカードではないので審査が不要で、15歳以上の方なら誰でも利用でき、

◀楽天ＡＮＡマイレージクラブカード
楽天Ｅｄｙのクレジットチャージ分でも２００円＝１マイル貯まります。

チャージ金額でボーナスマイルが獲得できることです。

●Visaデビットカード付きのAMC提携カード

(1)ANAマイレージクラブ／Financial Pass Visaデビットカード

Visaデビットカード機能と銀行キャッシュカード（スルガ銀行ANA支店）が付いたAMC提携カード。VISA加盟店のショッピングでのマイル獲得では年間100万円未満ではマイルが付きません。このカードのメリットは審査が通った15歳以上の方なら利用でき、銀行取引の条件次第でマイルが貯められるカードであることです。

(2)ANAマイレージクラブ / Sony Bank WALLET

Visaデビットカードと銀行キャッシュカード（ソニー銀行）が付いたAMC提携カードで、海外ATMで現地通貨で引き出せる機能が付いています。このカードのメリットは銀行取引の条件とVISA加盟店（国内限定）での決済でもマイルが貯められる（年間最大4万マイル＝800万円上限）ことです。

(3)ANAマイレージクラブ / GLOBAL PASS

多通貨Visaデビット一体型キャッシュカード（SMBC信託銀行）が付いたAMC提携カード。外貨預金を増やすことにメリットがあります。

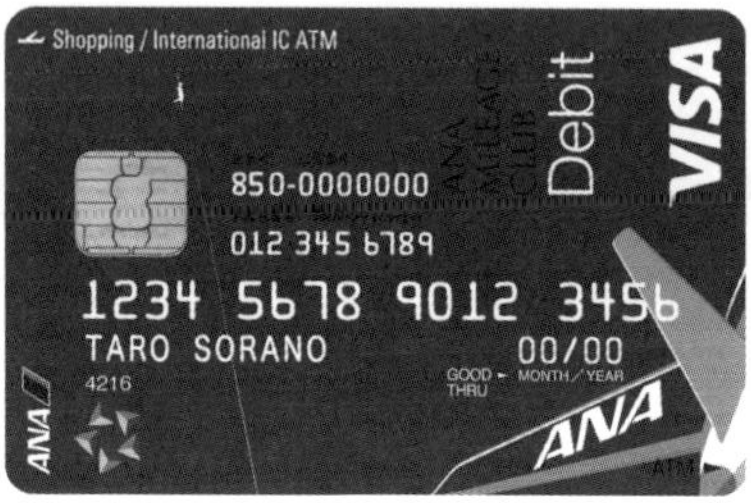

◀ANAマイレージクラブ Financial Pass Visaデビットカード 銀行取引でマイルが貯められます。

AMCカード&ANAカードで貯める③

ANAカードで貯める

費用をかけて本格的に攻略しない限りANAカードはすぐには必要ないといえます。ただしすでに年会費を払いクレジットカードを利用しているなら、そのカードを持つ格段の事情がないかぎり、ANAカードへの見直し策（切り替え）も視野に入れて考えるのが得策です。特に家族一緒にマイルを貯めるには、家族のマイルを唯一合算できるANAカードは必携のクレジットカードです。

●ANAカード共通のメリット

①搭乗でのフライトボーナスマイル加算

ANA便の搭乗でフライトボーナスマイルが獲得できます。一般カード、交通IC一体型カード、学生カードでは10%、ワイドカードとゴールドカードは25%、プレミアムカードは50%です。

②カード入会と更新時にボーナスマイル加算

ANAカードは入会時とカード更新時にボーナスマイルが積算されます。

●ポイント

❶ANAカードとはANA提携のクレジットカードで、AMC会員の会員カードを兼ねる。

❷クレジットカードで審査があり、⑴一般カード、⑵交通系IC一体型カード、⑶ワイドカード、⑷ワイドゴールドカード⑸プレミアムカード、⑹学生向けカードの6タイプの多様なラインアップ。

❸家族一緒にマイルを貯めるには、ANAカードは唯一家族のマイルを合算できる会員カード。

◀このQRコードで「ANAカード」のホームページに直接アクセスできます。

カードの種類によってマイル数は異なり、プレミアムメンバーでゴールドカード、プレミアムカード会員にはさらに特別ボーナス（2千マイル）が更新時に積算されます。

③提携割引&優遇サービス

提携店や提携企業での割引&優遇サービスが受けられます。ANA機内販売で10％割引、「ANAショッピング A-style」や空港内店舗「ANA FESTA」が5％割引となります。カードの種類によって割引率や内容が異なりますが、空港内免税店割引、レンタカー割引等様々な優遇が受けられます。

④マイルが多く貯まるANAカードマイルプラス

ANAカードマイルプラス加盟店でANAカードで支払うと、クレジットカード会社のポイントとは別に、さらに100円または200円(税込)＝1マイルが貯まります。特にプレミアムカード(CTBC JCB Eternityカードを除く)でのANAグループ航空券購入では100円(税込)＝2マイルと高率です。

⑤ANA Payのクレジットチャージでマイルが貯まる

1000円あたり一般カードは1マイル、ゴールドカードは6マイル、プ

◀ANA FESTA羽田空港
ANAカード会員は5％割引優待となります。

レミアムは11マイル貯まります。

⑥家族のマイルを合算できる

ＡＮＡカードファミリーマイルというプログラムを使い、家族（生計を同一にし同居する家族）のマイルを最大10名まで合算利用が可能です。国内在住のＡＭＣ会員が他の会員とＡＮＡマイルを合算する方法はＡＮＡカードのこのプログラムしかありません。

⑦会員向け特別割引運賃

ＡＮＡカード会員限定の割引運賃（ＡＮＡビジネスきっぷ）が購入できます。

●カードで異なる機能と手数料

①カードの維持費（年会費）の違い

カードの種類で年会費には大きな差があります。ゴールドカードやプレミアムカードは審査基準も異なる旨が明記され、誰でも入会可能ではありません。

②家族カードの違い

家族カードがないカード（ＡＮＡ ＶＩＳＡ Ｓｕｉｃａカード、学生用カード）もあります。また家族カードの年会費や枚数も種類により異なります。

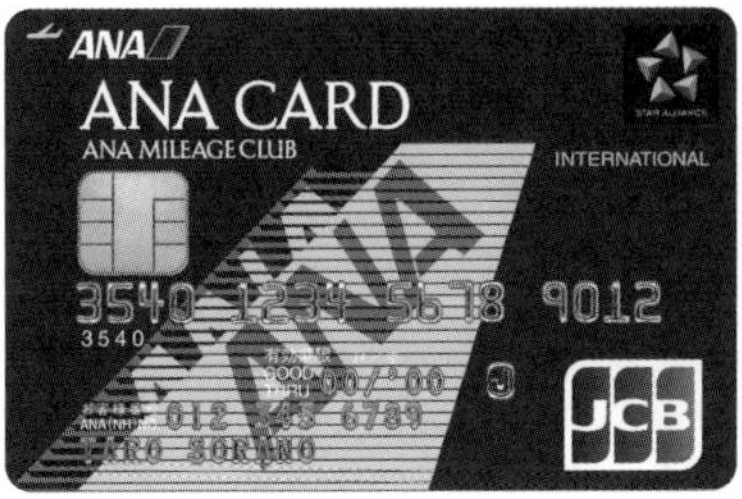

◀ＡＮＡカードＪＣＢ
ＡＮＡカードはクレジット機能付きのカードで入会審査が必要です。

③マイル移行手数料の違い

一般カードや交通IC一体型カード、一部の学生カードの10マイルコースはマイル移行手数料が必要で、金額はカードによって異なります。

④自動付帯保険サービスの差

多くのANAカードに付いているのは付帯障害保険ですが、これ以上に実用性が高い保険は携行品損害保険です。申し込み前に付帯保険の内容をカード会社に確認しておくことをお勧めします。

⑤ANA 銀聯カードの発行

中国で便利な銀聯カードが、ANAカードのサブカードとして利用できます。ANA VISA/マスターカード、ANA VISA Suicaカード、ANA TOP&ClubQ PASMO マスターカード会員限定です。

●ANAカードのラインアップ

①一般カード：初年度の年会費や家族会員が無料になるのがメリットです。JCB、VISA、マスターカード、アメリカン・エキスプレスのブランド。ANA JCBカードZEROは入会後5年間年会費無料。

②ワイドカード：ANA便搭乗時や入会・継続時のボーナスマイルが一般（10％）

◀ANA 銀聯カード
中国での利用に便利なANAカードのサブカード。

より高率（25%）となります。ブランドはJCB、VISA、マスターカード。

③ワイドゴールドカード：手厚い優遇策が具備されたゴールドカード。JCB、VISA、マスターカード、アメリカン・エキスプレス、ダイナース。

④プレミアムカード：最上位のANAカード。JCB、VISA、アメリカン・エキスプレス、ダイナースの各ブランド。ステイタスがなくても本会員は国内のANAラウンジを無料で利用できます。

⑤交通IC一体カード：交通IC（Suica、PASMO等）の機能が一体となったカード4タイプ。ゴールドカードは東京メトロとの提携カード「ANA To Me CARD PASMO JCB」のみ。

⑥学生カード：学生（18歳以上の学生（高校生は除く）の方向けのカードで、JCB、VISA、マスターカードの3種。JCBは10マイルコースが無料。

●ANAカードとAMC提携カードの違いに注意

ANAカードのメリットはボーナスマイル等の優遇策にあります。ANAホームページでのANAカード一覧で、同じ項目の下部に表示される「ANAカード以外の提携カード」と「デビッドカード／プリペイドカード」はANAカードではなく、こうした優遇策は付かない点に注意してください。

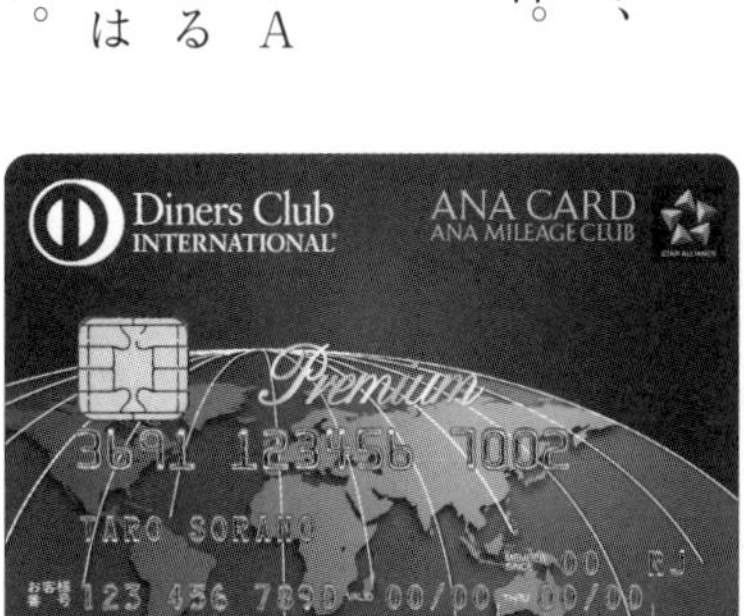

◀ANAダイナース プレミアムカード
ANAカードで年会費最高額のカードプレミアム。

	ダイナース		アメリカンエキスプレス		
	プレミアム	ワイドゴールド (*3)	プレミアム	ゴールド	一般
年会費(税込・円)	170,500	29,700	165,000	34,100	7,700
初年度年会費無料優待	×	×	×	×	○
家族会員年会費(税込・円)	0	6,600	0(4枚)	17,050	2,750
マイル積算率(*2)(一般/1,000円あたり)	15(25*2)	10	15(25*2)	10	5
マイル積算率(ANA航空券購入/100円あたり)	4.5	2	4.5	3	2.5
10マイルコース移行年会費(税込・円)	0	0	0	0	6,600
Edyチャージ分のマイル移行可能なポイント付与	○	○	×	×	×
ANA Pay チャージ (1,000円)の獲得マイル数	11	6	×	×	×
入会時・継続時のボーナスマイル	10,000	2,000	10,000	2,000	1,000
ANA便フライトボーナスマイル	50%	25%	50%	25%	10%

	交通系IC一体カード				
	ANA To Me CARD PASMO JCB	ANA TOKYU POINT ClubQ PASMO マスターカード	ANA VISA Suica カード	ANA VISA nimoca カード	ANA To Me CARD PASMO JCB GOLD
	一般	一般	一般	一般	ワイドゴールド
年会費(税込・円)	2,200	2,200	2,200	2,200	15,400
初年度年会費無料優待	0	0	0	0	×
家族会員年会費(税込・円)	1,100	1,100	×	1,100	2,200
マイル積算率(一般/1,000円あたり)	5	5	5	5	10
マイル積算率(*2)(ANA航空券購入/100円あたり)	1.5	1.5	1.5	1.5	2
10マイルコース移行年会費(税込・円)	5,500	6,600	6,600	6,600	0
Edyチャージ分のマイル付与	×	×	×	×	○
ANA Pay チャージ (1,000円)の獲得マイル数	1	1	1	1	6
入会時・継続時のボーナスマイル	1,000	1,000	1,000	1,000	2,000
ANA便フライトボーナスマイル	10%	10%	10%	10%	25%

ANAカード比較一覧表（法人カード・海外在住者向け除く）

注記事項　＊1：VISAブランドのみ　＊2：ANAグループ購入時限定　＊3：ダイナーズカードはワイドゴールドカードと同格

	VISA/マスターカード				
	プレミアム＊1	ワイドゴールド	ワイド	一般	学生
年会費（税込・円）	88,000	15,400	7,975	2,200	0
初年度年会費無料優待	×	×	×	○	○
家族会員年会費（税込・円）	4,400	4,400	1,650	1,100	なし
マイル積算率（＊2）（一般/1,000円あたり）	15	10	5	5	5
マイル積算率（ANA航空券購入/100円あたり）	3.5	2	1.5	1.5	0.5
10マイルコース移行年会費（税込・円）	0	0	6,600	6,600	6,600
Edyチャージ分のマイル移行可能なポイント付与	○	×	×	×	×
ANA Pay チャージ　(1,000円)の獲得マイル数	11	6	1	1	1
入会時・継続時のボーナスマイル	10,000	2,000	2,000	1,000	1,000
ANA便フライトボーナスマイル	50%	25%	25%	10%	10%

	JCB					
	プレミアム	ワイドゴールド	ワイド	一般	ZERO	学生
年会費（税込・円）	77,000	15,400	7,975	2,200	0	0
初年度年会費無料優待	×	×	×	○	○	-
家族会員年会費（税込・円）	4,400	4,400	1,650	1,100	なし	なし
マイル積算率（一般/1,000円あたり）	10	10	5	5	5	10
マイル積算率（＊2）（ANA航空券購入/100円あたり）	3	2	1.5	1.5	1.5	1.5
10マイルコース移行年会費（税込・円）	0	0	5,500	5,500	×	○
Edyチャージ分のマイル付与	○	○	×	×	×	×
ANA Pay チャージ(1,000円)の獲得マイル数	○	○	×	×	×	×
入会時・継続時のボーナスマイル	10,000	2,000	2,000	1,000	1,000	0
ANA便フライトボーナスマイル	50%	25%	25%	10%	10%	10%

楽天Ｅｄｙで貯める①

楽天Ｅｄｙで貯める

電子マネーの楽天ＥｄｙはＡＮＡマイルを貯めるには欠かせない強力な支払い手段です。もともと電子マネーのマイレージ提携の先駆けとなったＥｄｙ（現楽天Ｅｄｙ）は、今でもＡＭＣでは特別な存在です。Ｅｄｙ付きのＡＭＣ会員カードの新規申し込みはできなくなりましたが、楽天Ｅｄｙ機能付きのカードやアプリをＡＭＣ会員データと紐づけることで、ＡＮＡマイルを高率で貯めることができます。

●高率マイル獲得の仕組み

楽天Ｅｄｙが他の電子マネーより高率でＡＮＡマイルを獲得できるのは三つの特別な仕組みにあります。①Ｅｄｙマイルプラス加盟店での利用、②ＡＭＣモバイルプラスの利用、③特定のクレジットカードチャージでのみクレジットチャージ分に付与されるポイントもマイルへ交換できるので追加ＡＮＡマイルが積算可能です。

●ポイント

❶楽天ＥｄｙはＡＭＣ攻略に欠かせない電子マネー。
❷楽天Ｅｄｙが高率にＡＮＡマイルを獲得できる三つの要素とは、Ｅｄｙマイルプラス加盟店、ＡＭＣモバイルプラス、楽天Ｅｄｙのクレジットチャージのポイントを ＡＮＡマイル交換できるカードの存在。
❸日本中の主要コンビニチェーンすべてで利用でき、マイルが積算可能な電子マネー。

●Ｅｄｙマイルプラス加盟店

通常２００円＝１マイルが、紀伊國屋書店、マツモトキヨシ等のＥｄｙマイルプラス加盟店は２００円＝２マイル加算です。

●クレジットカードチャージでのマイル獲得

ＡＮＡダイナースカード、ＡＮＡワイドゴールドカードＪＣＢ、楽天ＡＮＡマイレージクラブカード等のカードでは楽天Ｅｄｙのクレジットチャージ分で２００円＝１マイル積算可能です。

●コンビニチェーンで最強の電子マネー

日本中の主要コンビニチェーンすべてで利用可能で、マイルが積算可能です。

◀このＱＲコードで「Ｅｄｙでマイルを貯める」のホームページに直接アクセスできます。

◀紀伊國屋書店千歳店
紀伊國屋書店はＥｄｙマイルプラス加盟店です。

楽天Ｅｄｙで貯める②

ＡＭＣモバイルプラスで貯める

ＡＭＣモバイルプラスは、ＮＴＴドコモ、ｓｏｆｔｂａｎｋ、ＫＤＤＩのスマートフォンを所持しているＡＭＣ会員が利用できるオプションサービスです。楽天Ｅｄｙでの支払い２００円につき３マイル貯まり、月額３２４円（税込）または月額３３０円（税込）と、キャリア毎に料金が異なります。スマートフォンから登録できます。一部の新料金プランではこのサービスが利用できないものがあります。

●クレジットカードがなくても各種の支払いでＡＮＡマイルを貯めやすい

「楽天Ｅｄｙ」は、前述の通りコンビニの利用にはめっぽう便利な電子マネーです。また楽天ポイントやＴポイントなどの加盟店では、ポイント交換を使ってＡＮＡマイルがダブルで獲得でき、ＡＭＣモバイルプラスならクレジットカード以上にＡＮＡマイルが貯められます。クレジットカードではないので審査がなく、年齢に関係なく家族のマイルを増やす手段としても有効です。

●ポイント

❶ＡＭＣモバイルプラスとは月額300円（税別）で、200円につき3マイル貯まるオプションサービス。スマートフォンからのみ登録可能。

❷ＡＭＣモバイルプラス会員は、ＡＮＡ ＳＫＹ コイン交換で、1マイル＝1.5コインと50％増量。

❸楽天カード等ではクレジットチャージ分もポイント対象で、ポイントのＡＮＡマイル交換分を合わせ、一般店での支払いでも200円に付き最大4マイル積算可能。

●特定のクレジットカード会員なら200円で最大で4マイルも可能

楽天Ｅｄｙにはカード払いでチャージできるクレジットカードがあり、その中の一部（ＡＮＡカードゴールドＪＣＢ、楽天カード等）はクレジットチャージ分もポイント対象となり、その分を合わせて一般店の支払いでも、２００円に付き最大で４マイル積算可能です。

●ANA SKYコイン交換レートも優遇

ＡＮＡ ＳＫＹコインの交換レートは通常１マイル＝１～１.２コインですが、ＡＭＣモバイルプラス会員は最大で１マイル＝１.５コインと高率です。これ以上の交換レートはプレミアムメンバーかＡＮＡカードのＳＦＣ会員、ゴールド会員、プレミアムカード会員の交換に限られます。

●特典航空券や「ANA SUPER VALUE」などの優先予約が可能

ＡＭＣモバイルプラス会員は一般会員よりも前に「ＡＮＡ ＳＵＰＥＲ ＶＡＬＵＥ ＰＲＥＭＩＵＭ」「ＡＮＡ ＶＡＬＵＥ ＰＲＥＭＩＵＭ」「ＡＮＡ国内線特典航空券」や、「いっしょにマイル割」の先行予約・購入ができます。

◀このＱＲコードで「ＡＭＣモバイルプラス」のホームページに直接アクセスできます。

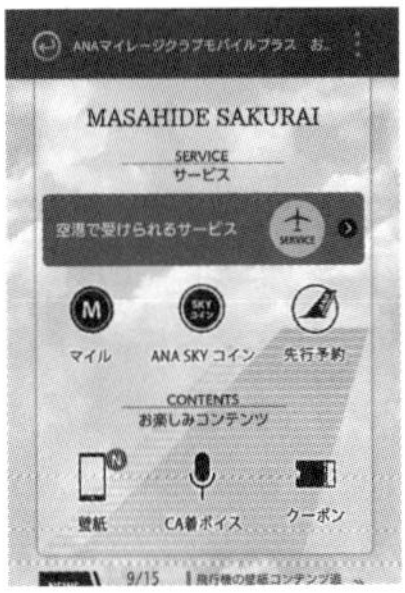

◀スマホアプリ・ＡＭＣモバイルプラストップページ
楽天Ｅｄｙでのマイルの増量に有利です。

ＡＮＡ Ｐａｙで貯める

ＡＮＡ ＰａｙはＡＮＡマイレージクラブアプリで使える、２００円の支払いごとに１マイル貯まるモバイルペイメントサービスです。旧ＡＮＡ Ｐａｙ（コード払い）は、２０２３年11月６日にサービスを終了し、新サービスに移行しました。新サービスを利用するには、アプリ上の二つの口座（ＡＮＡ Ｐａｙ キャッシュ、ＡＮＡ Ｐａｙマイル）に事前にチャージすることが必要で、二つを合算して利用はできません。本項では「ＡＮＡ Ｐａｙキャッシュ」について解説します。

●ＡＮＡ Ｐａｙキャッシュのチャージの方法

①**クレジットカード・チャージ**：本人認証サービス「３Ｄセキュア２・０認証」に対応した４ブランド（ＪＣＢ、ＶＩＳＡ、マスターカード、ダイナース）のクレジットカードやデビットカードを登録し、千円以上から１円単位でチャージできます。

②**オートチャージ**：残高が設定金額未満になった場合に自動的に残高へチャージできる機能で、事前に本人確認手続きとクレジットカード登録が必要です。

●ポイント

❶ANAマイレージクラブ アプリで使える、200円の支払いごとに1マイル貯まるモバイルペイメントサービス。
❷アプリ上の二つの口座（ANA Payキャッシュ、ANA Payマイル）に事前にチャージすることが必要。二つを合算利用不可。
❸ANAカードでのチャージ利用ならマイルがダブルで貯まる。

◀このQRコードで「ANA Pay」のホームページに直接アクセスできます。

③Apple Payチャージ：Appleウォレットに設定している（JCB、VISA、マスターカード）ブランドのクレジットカードからANA Payキャッシュへチャージできます。Appleウォレットに設定済みのANAカードのチャージもマイル積算の対象です。事前にAppleウォレットへクレジットカードの設定が必要です。

④銀行口座（Bank Pay）チャージ：銀行口座から千円以上1円単位でチャージできます。本人確認手続きと銀行口座の登録、端末の認証設定が必要。

⑤セブン銀行ATMチャージ：セブン銀行ATMから現金でANA Payキャッシュに紙幣でのみ、千円以上からチャージが可能です。

●ANA Payの制約事項

①クレジットカード・チャージができないカードブランドがあります。

②ANA Payキャッシュにも、チャージ上限（1回、1日、1か月）、上限残高、有効期限があり、本人確認実施の有無で異なります。

③スマホのアプリ連動なので継続利用には、アプリのアップデートが必須。

④プレミアムメンバーサービス資格獲得でライフソリューションサービス利用者のANAカード決済額にANAカードでのANA Payチャージ分は対象外。

ANA Pay キャッシュのチャージ上限金額(円)と有効期間

本人確認手続き		未確認	確認済
上限金額(円)	1回	1,000〜20,000	1,000〜100,000
	1日	20,000	100,000
	1か月	100,000	300,000
上限残高		100,000	300,000
有効期限		使用後4年間	使用後4年間

ANA国内線搭乗で貯める①

運賃種別や会員区分で異なるマイル獲得数

国内線のＡＮＡ便利用（有償搭乗）でのマイル積算（獲得）は、同じ区間を利用しても運賃の種別の他、会員区分によって積算マイル数が異なります。航空券購入の際にＡＮＡマイルが貯まる提携カードや電子マネーで支払うことで、さらにマイルを加算できることに留意しましょう。

●獲得マイル数の仕組み

ＡＮＡ国内線の搭乗では、一部運賃（団体運賃等）を除きほとんどがマイル積算対象ですが、運賃の種別と会員区分で、同じ区間を搭乗しても獲得できるマイル数が異なります。獲得マイル数は次の計算式で算出されます。ＡＮＡカード会員とプレミアムメンバーのボーナスマイルは後述します。区間基本マイル数はＡＮＡ国内線区間基本マイル数一覧（Ｐ94）を参照してください。

獲得マイル数＝区間基本マイル数×運賃種別ごとの積算率

●ポイント

❶運賃の種別と会員区分によって、獲得できるマイル数が同じ区間を搭乗しても異なる。
❷ＡＮＡ便航空券をＡＮＡカードでＡＮＡサイトや空港窓口で直接購入するとＡＮＡマイル積算率が高率。
❸搭乗後6か月以内に事後登録が可能で、「搭乗券」「保安検査証」「搭乗案内」のいずれかの用紙（原券）が必要。

獲得マイル数はANAホームページの「ANAフライトマイル・プレミアムポイントシミュレーション」を利用して簡単に確認できます。

▲このQRコードで「ANAフライトマイル・プレミアムシミュレーション」のホームページに直接アクセス可能です。

●ANAカードでのANA航空券直接購入はマイル積算が高率

さらにANA便航空券をANAカードでANAサイトや空港窓口で直接購入すると、ショッピング等の利用よりもANAマイル積算率が高率です。

●小児運賃でのマイル積算

従来からの小児運賃は2024年3月31日以降の搭乗便以降は新運賃（小児ディスカウント）となり、小児（3～11歳）と座席を使用する0～2歳の幼児のマイル積算率も、それに準拠することに変更になります。該当するディスカウント対象となる運賃により積算率は（150～50％）と異なります。

▲羽田空港第二ターミナル
羽田発のANA国内線は第二ターミナルから。

●AMC会員専用の特別運賃（いっしょにマイル割）

AMC会員専用の少人数グループ（2～4名）向けの国内運賃。会員本人が1万マイルを利用し、同行者は専用割引運賃となります。全員が同区間、同日程、同じ搭乗便を利用します。キャンセルするとマイルは戻りません。

●コードシェア便でのマイル積算

ＡＮＡと共同運航している他社運航のコードシェア便のマイル積算は、航空券がＡＮＡ便名の場合に限り、ＡＮＡ便としてマイル積算の対象です。

●旅行商品でのマイル積算

ツアー（旅行商品）でのＡＮＡ便の利用もマイルが積算可能です。国内団体旅行などは積算の対象外です。ＡＮＡツアー等マイルが貯まるという表示があるツアー以外でのマイル積算の有無は旅行代理店で確かめましょう。

●事後登録

事前登録を忘れた場合や、搭乗日当日に空港にて予約便を変更したりアップグレードをしたりしてマイルが自動積算されない場合、搭乗した航空会社側のシステム事由などで搭乗後にマイルが積算されない場合、搭乗後翌日午後以降、６か月以内に事後登録が可能です。こうしたトラブルに備え、事後登録に必要な「搭乗券」「保安検査証」「搭乗案内」のいずれかの用紙（原券）を半年間は保存しておきましょう。

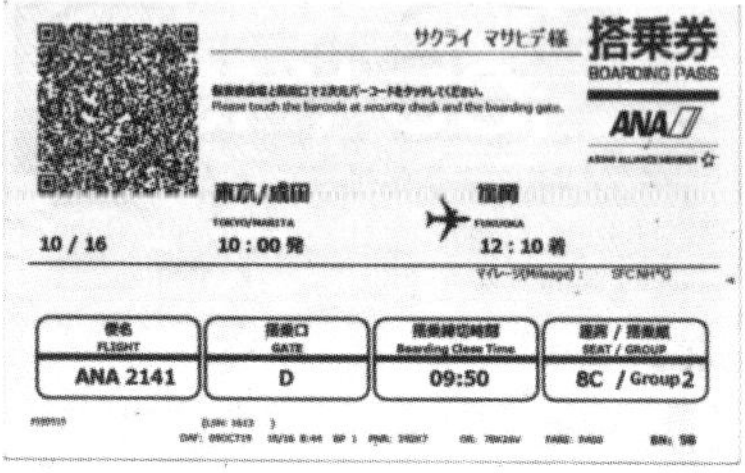

◀搭乗券
事後登録に必要な用紙の一つです。

ANA国内線フライトマイル運賃別積算率一覧

運賃種別	積算率
プレミアム運賃、プレミアム障がい者割引運賃、プレミアムBiz、プレミアムビジネスきっぷ	150%
ANA VALUE PREMIUM 3*、ANA SUPER VALUE PREMIUM 28*、プレミアム株主優待割引運賃、プレミアム小児株主優待割引運賃（* 各種往復ディスカウントも含む）	125%
ANA FLEX、ビジネスきっぷ、障がい者割引運賃、介護割引、各種アイきっぷ、プレミアム個人包括旅行割引運賃、Biz	100%
ANA VALUE 1*、ANA VALUE 3*、ANA VALUE 7*、ANA SUPER VALUE 21*、ANA SUPER VALUE 28*、ANA SUPER VALUE 45*、ANA SUPER VALUE 55*、ANA SUPER VALUE 75*、ANA VALUE TRANSIT*、ANA VALUE TRANSIT 1*、ANA VALUE TRANSIT 3*、ANA VALUE TRANSIT 7*、ANA SUPER VALUE TRANSIT 21*、ANA SUPER VALUE TRANSIT 28*、ANA SUPER VALUE TRANSIT 45*、ANA SUPER VALUE TRANSIT 55*、ANA SUPER VALUE TRANSIT 75*、株主優待割引運賃、小児株主優待割引運賃、いっしょにマイル割（同行者）（* 各種往復ディスカウントも含む）	75%
個人包括旅行運賃、個人包括旅行割引運賃、スマートU25、スマートシニア空割、ANA SUPER VALUE SALEなど	50%

プレミアムメンバー・ボーナスマイル積算率

ANAカード及びSFCカードのゴールドカードまたプレミアムカード会員

カード区分	ブロンズ	プラチナ	ダイヤモンド
ステイタス 1年目	45%	95%	120%
ステイタス 継続2年以上	55%	105%	130%

ANAカード会員以外

カード区分	ブロンズ	プラチナ	ダイヤモンド
ステイタス 1年目	40%	90%	115%
ステイタス 継続2年以上	50%	100%	125%

サービスステイタスのないスーパーフライヤーズ会員

カード区分	レギュラーカード	ゴールドカード	カードプレミアム
積算率	35%	40%	50%

ANA国内線区間基本マイル数一覧

5.仙台発着	
発着空港	区間マイル
小松	276
広島	513
福岡	665

6.福岡発着	
発着空港	区間マイル
新潟	572
小松	390
対馬	81
五島福江	113
天草	78
宮崎	131
屋久島	225
沖縄(那覇)	537
宮古	683
石垣	737

7.熊本発着	
発着空港	区間マイル
天草	42

8.長崎発着	
発着空港	区間マイル
壱岐	60
五島福江	67
対馬	98

9.鹿児島発着	
発着空港	区間マイル
種子島	88
屋久島	102
喜界島	246
与論	358
奄美	242
徳之島	296
沖永良部	326

10.沖縄(那覇)発着	
発着空港	区間マイル
仙台	1,130
静岡	863
新潟	1,052
広島	650
岩国	614
松山	607
高松	677
北九州	563
熊本	494
長崎	484
宮崎	455
鹿児島	429
奄美	199
沖永良部	107
宮古	177
石垣	247

11.奄美発着	
発着空港	区間マイル
喜界島	16
与論	125
徳之島	65

12.徳之島発着	
発着空港	区間マイル
沖永良部	30

13.宮古発着	
発着空港	区間マイル
石垣	72

1.東京(羽田・成田)発着	
発着空港	区間マイル
稚内	679
旭川	576
オホーツク紋別	623
女満別	609
根室中標津	605
釧路	555
帯広	526
新千歳(札幌)	510
函館	424
仙台	177
大舘能代	314
秋田	279
庄内	218
八丈島	177
新潟	167
富山	176
能登	207
小松	211
名古屋	193
伊丹	280
関西	280
神戸	280
鳥取	328
米子	384
萩・石見	474
岡山	356
広島	414
岩国	457
宇部山口	510
徳島	329
高松	354
松山	438
高知	393
北九州	534
福岡	567
佐賀	584
長崎	610
熊本	568

1.東京(羽田・成田)発着	
搭乗区間	マイル数
大分	499
宮崎	561
鹿児島	601
沖縄(那覇)	984
宮古	1,158
石垣	1,224

2.大阪(伊丹・関西・神戸)発着	
発着空港	区間マイル
旭川	739
女満別	797
釧路	753
新千歳(札幌)	666
函館	578
青森	523
仙台	396
秋田	439
福島	339
新潟	314
萩・石見	200
松山	159
高知	119
福岡	287
長崎	330
熊本	290
大分	219
宮崎	292
鹿児島	329
沖縄(那覇)	739
宮古	906
石垣	969

3.名古屋(中部)発着	
発着空港	区間マイル
旭川	686
女満別	738
新千歳(札幌)	614
函館	525
仙台	322
秋田	380
新潟	249
松山	246
福岡	374
長崎	417
熊本	375
大分	306
宮崎	372
鹿児島	411
沖縄(那覇)	809
宮古	979
石垣	1,044

4.札幌(新千歳)発着	
発着空港	区間マイル
稚内	171
利尻	159
オホーツク紋別	133
女満別	148
根室中標津	178
釧路	136
函館	90
青森	153
秋田	238
福島	400
仙台	335
静岡	592
新潟	369
富山	493
小松	529
岡山	708
広島	749
松山	791
福岡	882
沖縄(那覇)	1,397

ＡＮＡ国内線搭乗で貯める③

マイルが貯まるツアー商品利用

ＡＮＡ便を利用した国内ツアー商品でもフライトマイル積算が可能です。特にＡＮＡトラベラーズの国内ツアー商品では、ツアーマイルとフライトマイルがダブルで貯まります。なお他の旅行代理店が発売しているＡＮＡ国内線を利用したツアーの一部には団体扱いのものがあり、この団体扱い運賃の旅行商品はマイル積算の対象外です。ＡＮＡ便を利用した国内ツアーでＡＮＡマイルを確実に貯めたい場合は、事前にマイルが貯まるツアーかを申込先に確認して利用しましょう。

●マイルが貯めやすいＡＮＡトラベラーズ国内ツアー商品

ＡＮＡトラベラーズ国内ツアー商品に参加の場合、旅行代金に応じて100円ごとに1マイルのツアーマイルと、参加のツアーのフライト区間の基本マイルの50％のフライトマイルがダブルでマイルが貯まります。さらにプラスマイル（最大2千マイル）のある宿泊先を組み合わせると一度に大量のマイルを獲得できます。

●ポイント

❶団体扱い運賃の旅行商品はマイル積算の対象外。
❷「ダイナミックパッケージ」のプラスマイルの宿泊先を組み合わせると一度に大量のマイルを獲得可能。
❸ポータルサイトや旅行サイト経由でＡＮＡ便利用のツアーを予約・利用するとマイル増量が可能。

●ANA SKYコインが使えるANAトラベラーズ国内ツアー商品

ANAトラベラーズの国内旅行商品はマイレージ会員がANAのホームページから直接申し込みなら、ANA SKYコインと併用も可能です。

●各種サイト経由でのANA便利用旅行商品予約でのマイル増量

ANAトラベラーズ等マイルが貯まるという表示があるツアーを、ポータルサイトや旅行サイト経由で予約・利用すると、そのサイトのポイントの交換機能を使って最終的にANAマイルに交換できるものなら、その分をさらにマイル増量可能です。ただしANAトラベラーズ以外はツアーマイルが付きません。代表的な例は下記別表に記しましたが、このサービスは提携関係や条件が頻繁に改廃されるのであくまで参考例として利用し、最新の条件は読者自身で検索し応用してください。

ANAマイル交換可能なポイントが付く各種サイトの代表例 2024年1月現在

WEBサイト名	ANAマイル交換ポイント		
	対応商品又は旅行会社	ポイント名	利用額1000円あたりの獲得マイル数 ( )表示は1予約単位
フォートラベル	Time Design	フォートラベルポイント	10
楽天トラベル	楽パック - 国内ツアー	楽天ポイント	5
ARC Travel Style	ARC Travel Style	Tポイント	2.5
Gポイント	ANAトラベラーズ	Gポイント	(330)
	楽天トラベル(楽パック)		3.3
	JTB		3.3
ポイントタウン	日本旅行 国内旅行	ポイントタウンポイント	5.1
	スカイツアーズ		(217)
	HIS		2.8
ポイントインカム	HIS	ポイントインカムポイント	1.4
	ビッグホリデー		2.8
	スカイツアーズ		(217)
	日本旅行		2.7
	エクスペディア		1.4
	楽天トラベル(楽パック)		2.8
	じゃらんパック		1.4
ネットマイル	ANAトラベラーズ	ネットマイル	(160)

ANA MILEAGE

ANA国内線搭乗で貯める④

国内線搭乗のボーナスマイルとプレミアムポイント――

ANA便国内線利用（有償搭乗）でのマイル積算では、ANAカード会員とプレミアムメンバーは、ボーナスマイルが獲得できます。さらにAMC会員の航空機搭乗に際してはマイルとは別のプレミアムポイントがつきます。このポイントは暦年で一定数以上獲得すると、プレミアムメンバーの資格が獲得でき、ANA便やAMC提携航空会社の利用時に特別なサービスや特典が与えられます。ボーナスマイル数とプレミアムポイント数はANAホームページの「ANAフライトマイル・プレミアムポイントシミュレーション」を利用して簡単に算出できます。

●ボーナスマイル数の仕組み

ボーナスマイル数は次の計算式で算出されます。区間基本マイル数は前項別表（P94～95）を、運賃種別ごとの積算率は前項別表（P93）を、プレミアムスメンバー・カード種別積算率は前項別表（P93）を参照してください。

●ポイント

❶ANAカード会員やプレミアムメンバー会員は、フライトボーナスマイルが獲得できる。

❷プレミアムポイントを暦年で一定数以上獲得すると、プレミアムメンバーの資格が獲得でき、ANA便やAMC提携航空会社の利用時に特別なサービスや特典が与えられる。

❸ANAスーパーフライヤーズカードの入会資格獲得のプレミアムポイント獲得のためにひたすら航空機に乗ることを、巷間で「マイル修行」という。

ボーナスマイル数＝区間基本マイル数×運賃種別ごとの積算率×プレミアムメンバーまたは利用カード別積算率

●プレミアムポイントの仕組み

プレミアムポイントは次の計算式で算出されます。国内線プレミアムクラス利用時に50％アップされるマイルも、プレミアムポイント積算の対象です。なお路線倍率は国内線では一律2倍です。

プレミアムポイント数＝区間基本マイル数×予約クラス・運賃種別ごとの積算率×路線倍率＋搭乗プレミアムポイント

ANA国内線運賃別搭乗プレミアムポイント一覧

運賃種別	搭乗ポイント
プレミアム運賃、プレミアム小児運賃、プレミアム障がい者割引運賃、ANA VALUE PREMIUM(Child)/ANA SUPER VALUE PREMIUM(Child)、ANA VALUE PREMIUM 3、ANA SUPER VALUE PREMIUM 28、プレミアム株主優待割引運賃、プレミアム小児株主優待割引運賃、ANA FLEX、ビジネスきっぷ、小児運賃、障がい者割引運賃、介護割引、ANA VALUE(Child)/ANA SUPER VALUE(Child)、ANA VALUE 1、ANA VALUE 3、ANA VALUE 7、株主優待割引運賃、小児株主優待割引運賃、プレミアムBiz、Biz、プレミアムビジネスきっぷなど	400
ANA VALUE TRANSIT、ANA VALUE TRANSIT 1、ANA VALUE TRANSIT 3、ANA VALUE TRANSIT 7、ANA SUPER VALUE TRANSIT 21、ANA SUPER VALUE TRANSIT 28、ANA SUPER VALUE TRANSIT 45、ANA SUPER VALUE TRANSIT 55、ANA SUPER VALUE TRANSIT 75	200
各種アイきっぷ、国際航空券(国内区間)、ANA SUPER VALUE 21、ANA SUPER VALUE 28、ANA SUPER VALUE 45、ANA SUPER VALUE 55、ANA SUPER VALUE 75、ANA SUPER VALUE SALE、いっしょにマイル割(同行者)、「スマートU25」運賃、「スマートシニア空割」運賃、プレミアム包括旅行割引運賃、個人包括旅行割引運賃など	0

ＡＮＡ国際線搭乗で貯める①

国際線搭乗のマイル積算に重要な予約クラス

国際線での搭乗は、国内線より区間距離が長い場合が多く、搭乗マイル獲得の一大チャンスです。しかし国際線では運賃体系が複雑で、マイル積算に重要な運賃種別で異なる予約クラス（ブッキングクラスともいいます）によって、同じ搭乗クラスの座席を利用してもマイル獲得数は大きく異なります。また一部には有償運賃でもマイル積算対象外の運賃もあります。

●獲得マイル数の仕組み

ＡＮＡ国際線の搭乗では、国内線では対象外の団体運賃でも予約クラスによってはマイル積算可能です。運賃の種別（予約クラス）で同じエコノミークラスなどの座席クラスに搭乗しても積算マイル数は異なります。獲得マイル数は次の計算式で算出されます。

獲得マイル数＝区間基本マイル数×運賃種別ごとの積算率

●ポイント

❶ANA国際線で同じ搭乗クラスの座席を利用しても、運賃で異なる予約クラスによってはマイル積算率が異なる。

❷ANAと共同運航している他社運航のコードシェア便の搭乗でのマイル積算は、航空券がANA便名の場合は、ANA便としてマイル積算の対象。

❸複雑な獲得マイル計算は、ANAホームページの「ANAフライトマイル・プレミアムポイントシミュレーション」を利用して簡単に計算できる。

獲得マイル数はANAホームページの「ANAフライトマイル・プレミアムポイントシミュレーション」を利用して簡単に確認できます。

●コードシェア便とチャーター便でのマイル積算

ANAと共同運航している他社運航のコードシェア便搭乗のマイル積算は、航空券がANA便名の場合は、ANA便としてマイル積算の対象です。チャーター便はANA便のみ積算対象となり、積算率は原則、区間基本マイルの50%です。予約クラスPを利用の場合は70%の積算率です。

●小児運賃でのマイル積算

国際線の小児運賃の積算率は、大人運賃同様航空券の予約クラスに基づきます。小児もAMC会員に加入し、家族のマイルを有効活用しましょう。

●旅行商品でのマイル積算

ツアー（旅行商品）でANA便を利用した場合もマイルが積算可能です。団体旅行でも予約クラスによって積算の対象となります。ただしANAトラベラーズ等マイルが貯まるという表示があるツアー以外でのマイル積算の有

◀このQRコードで「ANAフライトマイル・プレミアムシミュレーション」のホームページに直接アクセス可能です。

◀成田空港ANAビジネスクラスカウンター
ビジネスクラスにも複数の予約クラスがあります。

無は旅行代理店で確かめましょう。

●事後登録

事前登録を忘れた場合、搭乗した航空会社側のシステム事由などでマイルが積算されない場合は、搭乗後6か月以内は事後登録が可能です。こうしたトラブルに備え、事後登録に必要な「eチケット控え（航空会社および旅行会社などで発行される、航空券番号・運賃情報・予約クラスなどが明示された証票）または航空券のお客様控え（コピー可）」と「搭乗券（原券）」は半年間保存しておきましょう。

ANA国際線予約クラス別マイル積算率一覧

搭乗クラス	予約クラス	積算マイル率
ファーストクラス	F,A	150%
ビジネスクラス	J	150%
	C、D、Z	125%
	P	70%
プレミアムエコノミー	G、E	100%
	N	70%
エコノミークラス	Y、B、M	100%
	U、H、Q	70%
	V、W、S、T	50%
	L、K	30%

ANA国際線搭乗で貯める②

ANA国際線区間基本マイル数一覧

東京（羽田・成田）発着	
搭乗区間	マイル数
北米	
シアトル	4,775
サンフランシスコ	5,130
サンノゼ	5,162
ロサンゼルス	5,458
ヒューストン	6,658
シカゴ	6,283
ニューヨーク	6,739
ワシントンD.C.	6,762
ホノルル	3,831
バンクーバー	4,681
メキシコシティ	7,003
ヨーロッパ	
ロンドン	6,214
フランクフルト	5,928
ミュンヘン	5,866
デュッセルドルフ	5,959
パリ	6,194
ブリュッセル	6,067
ウィーン	5,699
ウラジオストク	676
イスタンブール	5,748
モスクワ	4,664
ミラノ	6,077
ストックホルム	5,439
アジア	
上海	1,111
北京	1,313
香港	1,823
広州	1,822
大連	1,042
青島	1,117
厦門	1,520
杭州	1,206
瀋陽	987
成都	2,100
武漢	1,530
深セン	1,813
ソウル	758
台北	1,330
シンガポール	3,312
ジャカルタ	3,612

東京（羽田・成田）発着	
搭乗区間	マイル数
アジア	
バンコク	2,869
ホーチミンシティ	2,706
ハノイ	2,294
マニラ	1,880
クアラルンプール	3,345
ヤンゴン	2,984
デリー	3,656
ムンバイ	4,201
プノンペン	2,759
チェンナイ	4,017
オセアニア	
シドニー	4,863
パース	4,926

大阪（関西）発着	
搭乗区間	マイル数
アジア	
上海	831
北京	1,092
香港	1,548
大連	818
青島	864
杭州	926

名古屋（中部）発着	
搭乗区間	マイル数
アジア	
上海	919
香港	1,632

ANA国際線搭乗で貯める③

海外ツアーの国際線マイル積算

国内線の団体旅行ではANA便を利用してもマイルが貯められないことがほとんどですが、国際線でANA便を利用した団体旅行は、マイル積算対象の予約クラス運賃に該当すればマイルが貯めることができます。海外ツアーや団体旅行は往々にして、マイル積算漏れが発生することがあり、事後申請に備えての必要書類を半年間は保存しておきましょう。

●マイルが貯めやすいANAトラベラーズ海外ツアー商品

ANAトラベラーズ海外ツアー商品に参加の場合、旅行代金に応じて100円ごとに1マイルのツアーマイルと、参加ツアーのフライト区間の予約クラスに応じたフライトマイルがダブルで貯まります。ANAホテル&送迎パック、ホノルルステイ、ANAワンダーアースもツアーマイルの対象です。

●旅行商品のマイル積算

個人ツアー（旅行商品）でANA便を利用した場合はマイルが積算可能で

●ポイント

❶国際線では団体旅行でも、運賃がマイル適用の予約クラスでなら、積算の対象となる。
❷ANAトラベラーズの海外ツアーなら、旅行代金100円ごとに1マイル貯まる。
❸海外ツアーで参加者のマイレージ会員登録がなされていないためにマイル加算されない対策の事後登録に備え、必要書類を半年間は保管する。

す。団体旅行でも利用運賃が対象の予約クラスなら積算の対象です。ＡＮＡ便利用の海外ツアーの場合、フライトマイル（エコノミークラスの場合は区間基本マイルの30～70％、プレミアムエコノミーの場合は区間基本マイルの70～100％、ビジネスクラスの場合は区間基本マイルの70％）が貯まります。ただしＡＮＡツアー等マイルが貯まるという表示があるツアー以外でのマイル積算を確実にするには旅行代理店で確かめることをお勧めします。

●事後登録

海外ツアーでは往々にして、旅行代理店でツアー参加者のマイレージ会員登録がなされていない等の事由で、せっかくのマイル獲得の機会が見過ごされてしまうことが発生しがちです。搭乗後6か月以内ならマイルの事後登録が可能です。事後登録に必要な「eチケット控え（航空会社および旅行会社などで発行される、航空券番号・運賃情報・予約クラスなどが明示された証票）」または「航空券のお客様控え（コピー可）」と「搭乗券（原券）」「旅行代理店発行の旅行の旅程表」や「ツアー代金の領収書（ツアー番号などツアー内容を明記したもの）」などを半年間は保存しておきましょう。

◀このＱＲコードで「海外ツアーでマイルを貯める」のホームページに直接アクセスできます。

◀ハロン湾（ベトナム）
海外ツアーなら海外の世界遺産観光手配が簡単です。

ANA国際線搭乗で貯める④
国際線搭乗のボーナスマイルとプレミアムポイント ―

ＡＮＡ国際線の有償搭乗で、ＡＮＡカード会員とプレミアムメンバーはボーナスマイルを獲得できます。ＡＮＡ便搭乗の機会の多い方は、プレミアムポイントの獲得条件も関心の高い事項です。国際線ではマイル獲得には、搭乗クラスと航空運賃の予約クラスが、ボーナスマイルやプレミアムポイントにも大きく影響します。特に暦年で一定数以上獲得すると航空機利用時に各種の優遇サービスが提供されるプレミアムメンバーの資格が付与されるプレミアムポイントは、国際線では路線方面で路線倍率（日本発着アジア・オセアニア・ウラジオストク路線が１・５倍、その他はすべて1倍）が変わるのが国内線との大きな違いです。

●ボーナスマイル数の仕組み

ボーナスマイル数は次の計算式で算出されます。区間基本マイル数は（Ｐ１０３）を、運賃種別（予約マイル）ごとの積算率は（Ｐ１０２）を、プレミアムメンバー・ボーナスマイル積算率は（Ｐ93）を参照してください。

●ポイント

❶区間基本マイルが大きい国際線のフライトボーナスマイルはマイル増量の好機。
❷国際線ではマイル獲得には、搭乗クラスと航空運賃の予約クラスが、ボーナスマイルやプレミアムポイントにも大きく影響。
❸国際線のプレミアムポイントは、路線方面で倍率が異なる。

◀このQRコードで「ANAフライトマイル・プレミアムシミュレーション」のホームページに直接アクセス可能です。

ボーナスマイル数＝区間基本マイル数×運賃種別ごとの積算率×プレミアムメンバー・ボーナスマイル積算率

●プレミアムポイントの仕組み

プレミアムポイント数は次の計算式で算出されます。

プレミアムポイント数＝区間基本マイル数×予約クラス・運賃種別ごとの積算率×路線倍率＋搭乗プレミアムポイント

獲得マイル数とプレミアムポイント数はＡＮＡホームページの「ＡＮＡフライトマイル・プレミアムポイントシミュレーション」を利用して簡単に計算できます。

ANA国際線予約クラス別搭乗プレミアムポイント一覧

座席クラス	予約クラス	搭乗ポイント
ファーストクラス	F/A	400
ビジネスクラス	J/C/D/Z/P	
プレミアムエコノミー	G/E/N	
エコノミークラス	Y/B/M	
	U/H/Q/V/W/S/T/L/K	0

ANA以外の航空機利用で貯める①
スターアライアンス加盟航空会社便で貯める

ＡＮＡマイルはスターアライアンス加盟航空会社便での搭乗でも貯められます。同時にプレミアムポイントの獲得も可能です。

●マイルとプレミアムポイントの積算の仕組み

獲得マイルとプレミアムポイントの計算式はＡＮＡ国際線搭乗と基本的に同じです。予約クラス（スターアライアンス世界一周運賃を含む）の積算率は各社によって異なります。

●フライトボーナスマイルとプレミアムポイント

ユナイテッド航空、ルフトハンザドイツ航空、スイスインターナショナルエアラインズまたはオーストリア航空運航便をマイル積算対象の予約クラスで利用すると、プレミアムメンバーはフライトボーナスマイルがＡＮＡ便と同条件で獲得可能です。それ以外のスターアライアンス航空会社便ではボーナスフライトマイルは獲得できません。プレミアムポイントはスターア

●ポイント

❶スターアライアンス加盟航空会社便での有償搭乗では、ANAマイルと同時にプレミアムポイントの獲得も可能。

❷ユナイテッド航空、ルフトハンザドイツ航空、スイスインターナショナルエアラインズ、オーストリア航空運航便は、プレミアムメンバーはボーナスフライトマイルがANA便と同条件で獲得可能。

❸スターアライアンス加盟航空会社の運航するコードシェア便はどちらの便名で予約・搭乗しても原則として運航する航空会社搭乗分として積算。

ライアンス加盟会社便搭乗（路線倍率はすべて1倍）でも獲得できます。

●プレミアムメンバーサービス

スターアライアンス加盟航空会社では、プレミアムメンバー会員はそのステイタス（ゴールドまたはシルバー）によって優遇サービスが受けられます。

●注意したい個別条件

①ANAマイレージクラブとマイレージ提携している他航空会社の機材および乗務員で運航するコードシェア便をANA便名で予約・搭乗の場合は、運航する提携会社搭乗分として積算されます。

②スターアライアンス加盟航空会社運航のコードシェア便は、どちらの便名で予約・搭乗しても原則として運航する航空会社搭乗分として積算されます。

③提携航空会社運航のコードシェア便を利用の場合、ANA便名の予約クラスではなく運航会社の予約クラスに基づく積算率を適用します。そのため、積算率が異なる場合や積算されない場合があります。

④航空会社により、有償搭乗でもマイルが積算されない予約クラスがあります。無償航空券、特典航空券、各種優待割引航空券、チャーター便も同様です。

◀このQRコードで「提携航空会社のフライトマイル積算条件」のホームページに直接アクセスできます。

国際線 スターアライアンス加盟航空会社および スター アライアンスコネクティングパートナー運航便の搭乗ポイント積算条件

座席クラス	搭乗ポイント（一区間）
積算率100%以上の全予約クラス	400
上記以外	0

ANA以外の航空機利用で貯める②

スターアライアンス加盟以外の提携航空会社便で貯める

AMCのマイレージ提携にはスターアライアンス加盟以外の航空会社もあり、各社ごと積算の諸条件が異なりますが、マイルが貯められます。

●マイルの積算の仕組み

獲得マイルは区間基本マイルに予約クラスの積算率を掛けた計算式で算出されます。予約クラスは各航空会社によって異なります。また有償の航空券でもマイル積算対象にならない予約クラスがある点に注意してください。

●フライトボーナスマイルとプレミアムポイント

スターアライアンス加盟以外のAMC提携航空会社便搭乗では、ANAカード会員やプレミアムメンバーのフライトボーナスマイルやプレミアムポイントは獲得できません。

●ポイント

❶スターアライアンス加盟以外のAMC提携航空会社便の有償搭乗では、ボーナスフライトマイルやプレミアムポイントは獲得不可。
❷ANAとのコードシェア便搭乗に限り、プレミアムメンバーは各種の優遇サービスが受けられる。
❸ガルーダ・インドネシア航空、ベトナム航空の各運航便はANAとコードシェアしている区間のみマイル積算対象。

●ANAコードシェア便搭乗時のプレミアムメンバーサービス

スターアライアンス加盟の提携航空会社とは違い、ANAとのコードシェア便搭乗に限りプレミアムメンバー会員は各種の優遇サービスが受けられます。優遇策の内容は各社によって異なります。

●マイル積算対象外の運賃

航空会社により、有償搭乗でもマイルが積算されない予約クラスがあります。無償航空券、特典航空券、各種優待割引航空券、チャーター便も同様です。

●注意したい個別条件

①ガルーダ・インドネシア航空（GA）、ベトナム航空（VN）の各運航便はANA（NH）とコードシェアしている区間のみマイル積算対象。
②ヴァージン・アトランティック航空の英国国内線はマイル積算対象外。
③コードシェア便での提携がある山東航空運航便（コードシェア便を含む）はマイル積算対象外。

◀このQRコードで「提携航空会社のフライトマイル積算条件」のホームページに直接アクセスできます。

◀エティハド航空機（成田空港）
エティハド航空はスターアライアンス以外のAMC提携航空会社です。

ANA以外の航空機利用で貯める③
AMC提携航空会社予約クラス別マイル積算率一覧

コード	プレミアムエコノミー			ビジネスクラス				ファーストクラス
	125%	100%	70%	150%	125%	100%	70%	150%
A3	—	—	—	—	J,C,D,Z,P	—	—	—
AC	—	O,E,A	—	—	J,C,D,Z,P	—	—	—
CA	—	G	E	J	C,D,Z,R	—	—	F,A,P
AI	—	—	—	—	C,Z,J,D	—	—	F,P,A
NZ	—	—	—	—	C,D,Z,J	—	—	—
OZ	—	—	—	—	J*2,C,D*2,Z*2,U	—	—	—
AV	—	—	—	—	C,D,J,A,K	—	—	—
OS	—	G,E	N	J	C,D,Z	—	P	—
SN	—	G,E	N	J	C,D,Z	—	P	—
CM	—	—	—	—	C,D,J,R	—	—	—
OU	—	—	—	—	C,D,Z	—	—	—
MS	—	—	—	—	C,D,J	Z	—	—
ET	—	—	—	—	C,D,J	—	—	—
BR	—	K,L,T,P	—	—	C,J,D	—	—	—
LO	—	P,A,R	—	—	C,D	Z,F	—	—
LH	—	G,E	N	J	C,D,Z	—	P	F,A
SK	—	Y,S,B,A,J,P	—	—	C,D,Z	—	—	—
ZH	—	G	E(90%)	J,C	D,Z	R	—	—
SQ	—	S,T,P,L,R	—	—	Z,C,J,U,D	—	—	F,A
SA	—	—	—	—	C,J,Z,D,P	—	—	F,A
LX	—	G,E	N	J	C,D,Z	—	P	—
TP	—	—	—	—	C,D,Z,J	—	—	—
TG	—	U	—	—	C,D,J,Z	—	—	F,A,P
TK	—	—	—	—	C,D,Z,K	J	—	—
UA	—	O,A	R	J	C,D,Z	P	—	F,A
HO	—	—	—	J,C	A,D	—	R	—
EN	—	—	—	F,A,J	Z,P,H,C,D	—	G,U,O,R	—
NX	—	—	—	J	C,D	—	—	—
EY	—	—	—	J	C,D,W,Z	—	—	P,F,A
EW	—	—	—	—	J,D	—	—	—
GA	—	W	—	—	J,C,D,I	—	—	F,A,P
4U	—	—	—	—	J,D	—	—	—
OA	—	—	—	—	A,C,D,Z	—	—	—
PR	W,N	—	—	J	C,D,I,Z	—	—	—
VS	—	W,S,H,K	—	J	C,D,I,Z	—	—	—
VN	—	W,Z,U	—	J	C,D,I	—	—	—
VA	—	—	—	J,C,D	—	—	—	—

区分	航空会社	コード	基準公示日	エコノミークラス				
				100%	70%	50%	30%	25%
スターアライアンス	エーゲ航空	A3	2010年6月30日	Y,B	G,W,H,L,M,V,Q	E,O,J,T,U,S,K,P	—	
	エアカナダ*	AC	2023年7月1日	Y,B	M,U,H,Q,V	W,(国際線のみ:S,T,L,G)	—	K
	中国国際航空	CA	2019年8月27日	Y,B	M,U	H,Q,V,W,S,T	L,K,P	
	エアインディア	AI	2014年7月11日	Y,B,M	H,K,Q,V,W	L,T,U	—	
	ニュージーランド航空*	NZ	2016年8月9日	U,E,O,A,Y,B	M,H,Q,V*1	T*2,W*2	—	
	アシアナ航空	OZ	2022年9月22日	Y,B,A	H,M,E,A	K,Q,S	V,W*2,G*2,T*2	
	アビアンカ航空*	AV	2018年8月1日	Y,B,M,H,Q,V,E	G,L,O,P	Z,(W,S,T,U)	—	
	オーストリア航空	OS	2018年6月1日	Y,B,M	U,H,Q	V,W,S	L,K	
	ブリュッセル航空	SN	2019年3月12日	Y,B,M	U,H,Q	V,W,S,O	—	
	コパ航空	CM	2018年6月1日	Y,B,M,H	Q,K,V,U,S,O,W	E,L,T,A	—	
	クロアチア航空	OU	2010年12月1日	Y, B,	M,H,K,Q,V,A,F	W,S,T,E,J,O,L,G,P	—	
	エジプト航空	MS	2018年7月1日	Y	B,M,H,Q,K	—	—	
	エチオピア航空	ET	2015年8月17日	Y,G,S,B	M,K,L,V	H,U,Q	T,W,E,O	
	エバー航空	BR	2016年11月11日	Y,B,M	H	Q,S	—	
	LOT ポーランド航空	LO	2018年1月1日	Y,B,M	E,H,K,Q	T,V,G,W,S	L,U,O	
	ルフトハンザ ドイツ航空	LH	2022年8月26日	Y,B,M	U,H,Q	V,W,S	L,K,T	
	スカンジナビア航空	SK	2018年6月13日	-	H,Q,V,M,E,W	G	—	
	シンセン航空	ZH	2022年10月16日	Y,B,M	U,H,Q	V,W,S,T	—	L,P,A,K
	シンガポール航空	SQ	2019年4月25日	Y,B	E,M,H,W	—	—	
	南アフリカ航空	SA	2019年2月22日	Y,M	B,K,H,S,Q	T,V,L,W,G	—	
	スイス インターナショナル エアラインズ	LX	2022年3月18日	Y,B,M	U,H,Q	V,W,S	L,K,T	
	TAPポルトガル航空	TP	2011年9月15日	Y,B	M,H,Q	W,S,K,L,V,U,G,P	—	
	タイ国際航空	TG	2016年12月21日	Y,B,M,H,Q	K,T,S	—	—	
	ターキッシュ エアラインズ	TK	2016年6月6日	Y,B	M,A,H,S,O,E	Q,T,L,V	—	
	ユナイテッド航空	UA	2019年2月1日	Y,B,M	U,H,Q,E	V,W,S,T	L,K,G	
	吉祥航空	HO	2019年6月21日	Y,B,M	U,H,Q	V,W	—	
マイレージ提携	エアドロミティ	EN	2014年7月1日	Y,B	M,Q,V,W,S,T	L,K,N,E	—	
	マカオ航空	NX	—	Y	B,M,U,H,Q,V	W,S,T	—	
	エティハド航空	EY	2021年2月12日	Y,B	Q,H,K,M	L,V,U,E,G	—	
	ユーロウィングス	EW	2015年10月25日	I	B,C,H,M,Q,S,W,Y	G,K,L,T,X	E,F,N,O,R,V	
	ガルーダ・インドネシア航空**	GA	2015年3月10日	Y,B	M,K,N	—	Q,T	
	ジャーマンウイングス	4U	2014年10月27日	I	B,C,H,M,Q,S,W,Y	G,K,L,T,X	E,F,N,O,R,V	
	オリンピック航空	OA	2018年10月1日	Y,B	G,W,H,L,M,V,Q	E,O,J,T,U,S,K,P	—	
	フィリピン航空	PR	2014年12月20日	Y,S,L,M,H,Q	V,B,X,K	E,T,U,O	—	
	ヴァージン アトランティック航空*	VS	2019年1月10日	Y,V	B,R,L,U,M	E,Q,X,N,O	T	
	ベトナム航空**	VN	2018年10月28日	Y,M,S	B,H,K	L,Q	N,R	
	ヴァージン・オーストラリア	VA	2023年7月18日	Y,B,W,H,K,L	R,E,O,N,V	P,Q,T,I,S,G	M	

（会社名に*は例外規定あり、会社名に**はANAとのコードシェア区間のみマイル加算対象）
例外規定(*)
エアカナダ：()内予約クラスでのカナダ国内線は積算対象外
ニュージーランド航空：Vクラスのタスマン&パシフィックアイランド路線とTとWクラスの国内線およびタスマン&パシフィックアイランド路線は積算対象外
アシアナ航空 *1：国際線は対象外、*2：韓国国内線は対象外
アビアンカ航空：()内予約クラスでのコロンビア国内路線は対象外
バージンアトランティック航空：英国国内線は対象外

ANAMILEAGE

ANA以外の航空機利用で貯める④

ANAマイルを貯められる旅行サイト利用

航空券の購入は楽天トラベル等の旅行サイト、航空券の一括検索サイト、各種のポイントポータルサイト経由等、様々な手段で可能です。こうしたネット予約購入では、入口となったサイト利用でポイントが付き、このポイントがANAマイルに交換できるものがあります。この仕組みを使えば、結果的にどの航空会社に搭乗してもANAマイルが獲得できます。つまりLCCに搭乗しても、航空券の購入の仕方でANAマイルが貯められます。

●ANAマイルに交換できるポイント積算の仕組み

航空券の購入はネット経由なら航空会社のサイト以外にも、格安航空券の一括検索サイトやネット系の旅行予約サイト等でも可能です。ポイントタウン等ポータルポイントサイト経由をして航空券ネット販売サイトで購入すると、ネットポイントが貯められ、そのポイントがANAマイルに交換できたり、ANAマイルに交換可能なポイントに交換できたりします。交換率はポイント交換のルートで変わるので、条件を調べて有利な経路を選ぶとよいで

●ポイント

❶ネット予約購入サイト利用でポイントが付き、ポイントをANAマイルに交換できるものがある。
❷ポイント交換の仕組みを使えば、結果的にLCCも含めどの航空会社に搭乗してもANAマイルが獲得できる。
❸ANAマイルへ交換可能なポイントの交換率は交換ルートで異なるので、条件を調べて有利な経路を選ぶ。

しょう。下段の別表は航空券購入でANAマイルに交換できるポイントが貯められる航空券サイトの代表例です。

ANAマイルへ交換できるポイントが貯まる航空券購入サイトの代表例　2024年1月

アクセスサイト名	予約サイト	ポイント名	獲得ポイント条件	
			国内線	国際線
フォートラベル	フォートラベル	フォートラベルポイント	航空券代金の10%分（付与上限設定あり）	なし
楽天トラベル	楽天トラベル	楽天ポイント	なし	1%
Gポイント	エアトリ	Gポイント	800	なし
	楽天トラベル		なし	1%
	HIS		0.5%	なし
ポイントタウン	エアトリ	ポイントタウンポイント	1,281	なし
	スカイ・シー格安航空券モール		500	なし
	skyticketプレミアム		100	100
	ソラハピ		1,500	なし
	Expedia		47	47
	トラベリスト		1,000	なし
	日本航空		30	0.3%
ポイントインカム	エアトリ（国内航空券予約）	ポイントインカムポイント	10,000	2,000
	楽天トラベル		なし	0.6%
	ソラハピ		15,000	なし
	ローチケ旅行　国内航空券		5,000	なし
	NAVITIME Travel		15,000	なし
	トラベリスト		16,000	なし
	エクスペディア		500	500
	HIS		なし	1.0%
	ena（イーナ）国内航空券予約		2,000	なし
	エアトリ（国内）		2.0%	なし
	エアトリ（海外）		なし	0.6%
	格安航空券モール		8,000	なし
	skyticket.jp		500	500
	格安航空券センター		6,000（初回のみ）	なし

ポイント交換で貯める①
ポイント交換はマイレージ攻略の要

ＡＮＡのマイレージは、世界に類をみないほどその提携サービスは多様です。その根幹をなしているのが、ポイント交換の機能です。

●ポイント交換の仕組みを知る

Ｔポイントなどの共通ポイントサービスの普及と脱現金決済の進展でポイントサービスの重要性は高まる一方です。マイルを上手に貯めるには、ポイント交換の仕組みを知り、それを上手に使いこなすことが欠かせません。

●直接交換より有利な複数ルート利用でのマイル交換

ＡＮＡマイルに交換可能な各種ポイントも、ＡＮＡマイルへ直接交換するよりも一旦別のポイントに交換し、そこからＡＮＡマイルに交換するほうが好条件となる場合があります。こうした機能を使うには、特定カード会員であることが条件であったり、交換に要する日数がかかったりするなどの種々の制約があります。

●ポイント

❶マイルを上手に貯めるには、ポイント交換の仕組みを知り、それを上手に使いこなすことが欠かせない。
❷ポイント交換はＡＮＡマイルへ直接交換するよりも一旦別のポイントに交換し、そこからＡＮＡマイルに交換する方が好条件のルートもある。
❸ポイント交換のタイミングはポイントの有効期限を意識し、マイルを使いこなすために重要。

◀このＱＲコードで「提携ポイント」のホームページに直接アクセスできます。

●商品購入やサービス利用で貯まる4タイプのポイント

ANAマイルへ交換できる主なポイントは次の四つのタイプがあります。工夫次第では一つの買い物で全部獲得することも可能です。

①企業でのサービスや商品購入で獲得できるお買い物ポイント。

②クレジットカードのポイント。

③電子マネーなどクレジットカード以外の非現金決済で付くポイント。チャージ型マネーにクレジットカードでのチャージができるカードによっては、②のクレジットカードのポイントも付きます。

④ネットショッピングモールサイトのオリジナルネットポイント。

これら以外に来店ポイントや紹介ポイント等と様々なポイントがあり、ネットポイント交換サイトを利用して、これら様々なポイントも最終的にANAマイルと交換できるものがあります。ポイント交換はマイルを貯める要といっていいでしょう。

●交換のタイミング等

ANAマイルは有効期限が最長約3年です。ほとんどのポイントにも有効期限があります。交換のタイミングは、マイルを使いこなすために重要です。

◀AMCホームページ（ポイント交換）ポイント交換の種類が多いのはAMCの特長です。

ポイント交換で貯める②

クレジットカードのポイント交換で貯める

世界中のほぼすべてのマイレージにあるのが、クレジットカードのポイントをマイルに交換する提携サービスです。ＡＮＡカードでのマイル獲得もこの機能を使っています。ＡＮＡカードとＡＭＣ提携クレジットカードのポイント交換は別項で詳述してありますので、本項ではこれ以外のクレジットカードのマイル交換提携サービスのポイント交換について解説します。

●交換の手数料や交換上限

クレジットカードポイントのＡＮＡマイルへの交換では、カードによってマイル移行手数料がかかるものや、交換上限の設定があるものがあります。また交換単位の制約、カードの種別で差がつくランク制度などの諸条件に注意しましょう。利用額で付くポイントのＡＮＡマイル交換率もカードによって異なります。カードごとの諸条件は別表（Ｐ１２０～１２１）を参照してください。

●ポイント

❶クレジットカードのポイントをマイルに交換する提携サービスは世界中のマイレージに共通のサービス。
❷カードによってマイル移行手数料や交換上限の設定がある。交換単位の制約、カードの種別で差がつくランク制度などの諸条件に注意。
❸利用場所、カード種別、年間利用額など様々な条件で最終的な獲得ポイント数が決まるクレジットカードのポイント交換条件の優劣は、単純には比較できない。

●交換条件比較の問題点

各クレジットカードのＡＮＡマイルへのポイント交換条件の優劣は、ポイント数だけの計算から単純には比較できません。今日ではクレジットカードはカード会社のオリジナルカードに加え、各企業との提携カードが多くなり、カードをその系列企業での支払いに使うとポイント付与率が高率になる等、複雑な条件の組み合わせがあります。さらにゴールドカードなどカード種別や年間利用額など様々な条件で最終的な獲得ポイント数が決まります。別表（Ｐ１２０～１２１）のポイント交換一覧は一応の目安としてください。

●クレジットカードポイント獲得の諸条件

クレジットカードのポイント制度もマイレージに劣らず複雑化してきています。ポイント獲得に有利な条件として次のような制度に注目して下さい。

①自社系列企業やネット通販等特定利用先でのポイントアップ。
②年間の利用額次第でポイント付与が高率またはボーナスポイントが付く。
③カードの種別でポイント有効期限やポイント付与率が異なる。
④誕生月に利用でポイント付与条件が優遇などのカードオリジナル施策。
⑤追加の有料移行手数料を使うとポイント交換率が優遇される制度。

◀このＱＲコードで「提携ポイント」のホームページにアクセスし、そこからサブメニューの「クレジットカードポイント」を閲覧できます。

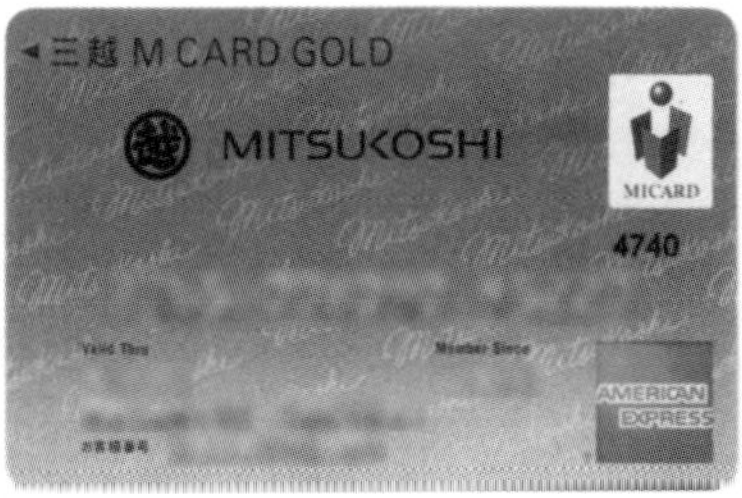

◀三越 M CARD GOLD

◀エムアイカード
ポイントをＡＮＡマイルに交換できます。

	ポイント移行年会費(円税込)	交換後マイル積算率(1,000円あたり)	最低交換ポイント数	交換単位ポイント数	年間上限マイル数	備考
	5,500	5	2,000	2,000	40,000	暦年単位
	8,800	10	1,000	1,000	40,000	暦年単位
	なし	3	1,000	500	45,000	
	(10%)	5	1,000	1,000	なし	移行手数料無料カードあり
	なし	2〜6	1,000	1,000	なし	暦年単位
	なし	2.5〜3	1,000	500	なし	
	なし	2.4〜12	1,000	1,000	150,000	
	なし	1.25〜25	2,000	2,000	(22,000)	同一年度内で2万2千マイル以上交換はマイル数半減
	なし	3〜6	1,000	1,000	なし	
	なし	2〜4	1,000	1,000	なし	
	なし	3	500	1	なし	
	なし	3	1,000	500	なし	
	なし	2〜3	1,000	1,000	120,000	交換は月1回(1万マイル上限)
	なし	2.5〜75	1,000	1,000	なし	交換は1日1回まで
	なし	3	500	100	なし	
	なし	6	500	100	なし	
	なし	2.5〜7.5	3,000	3,000	なし	
	なし	3〜90	200	200	なし	
	6,600	10	1,000	1,000	40,000	
	なし	2.5	2,000	2,000	なし	
	なし	2.5	2,000	2,000	なし	1万ポイント以上を1回交換で交換率6割アップ
	なし	3〜6	1,000	1,000	144,000	交換は月1回(2万ポイント上限)地下鉄利用でもポイント獲得
	なし	2.5	5,000	1,000	なし	レギュラー、セレクトカードは1回の移行手続きにつき20万ポイントまで
	なし	5〜約1.7	334	1	なし	
	なし	0.875	200	(200/500/1000)	なし	
	なし	約4.1	1,200	1,200	なし	
	なし	2.5	500	500	なし	ゴールド3年間、プラチナ4年間交換(1回)上限はすべて15万マイル
	なし	3.125	200	200	なし	
	なし	3	200	100	なし	
	なし	3	500	1	なし	ゴールド36か月
	なし	3	200	200	なし	
	なし	2.5	300	100	なし	

ANAマイルへ交換できるクレジットカードポイント一覧（ANAカード・法人カード除く）

カード名	ポイントプログラム名/カード会員区分	ポイント最長有効期限
アメリカン・エキスプレス	メンバーシップ・リワード ANAコース	実質無期限
	メンバーシップ・リワード・プラス	実質無期限
アプラス	アプラス とっておきプレゼント	2年
出光カード	プラスポイント	3年
インペリアルクラブカード	インペリアルクラブ ポイントプレゼント	2年
エポスカード	エポスポイント	2年、無期限(ゴールド)
ENEOSカード	ポイントプラス	5年
エムアイカード	エムアイポイント	25か月
オリコ	オリコポイント	1年
京急ポイントプログラムカード	京急ポイントプログラム	2年
JCBカード	Oki Dokiポイントプログラム	24～60か月
ジャックスカード	ラブリィポイント	2年
JRタワースクエアカード ANA Kitaca	JRタワースクエアポイント	2年
JQ SUGOCA ANA	JRキューポ	2年
JAカード	わいわいプレゼント	2年
	JAカードゴールドポイントプログラム	3年
セブンカード	nanacoポイント	2年
セゾンカード	永久不滅ポイント	なし
ダイナースクラブ	ダイナースグローバルマイレージ	なし
タカシマヤカード	タカシマヤポイント	16か月
タカシマヤカード《ゴールド》	タカシマヤポイント	最長16か月
To Me CARD	メトロポイント	2年
TOYOTA TS CUBIC CARD	ポイントプラス	5年
日産カード	日産ポイント	5年
HeartOneカード	HeartOneポイント	6年
博多大丸カード	大丸ポイント	24か月
VJAグループ各社／三井住友カード	ワールドプレゼント（個人会員）	2年
	Vポイント	
ヤマダLABI ANAマイレージクラブカード	永久不滅ポイント	なし
ゆうちょ銀行 JP BANK VISAカード/マスターカード	JPバンクカードポイント	24か月
ゆうちょ銀行 JP BANK（JCB）	Oki Dokiポイントプログラム	24～36か月
UCカード	永久不滅ポイント/UCポイント	なし/2年
ライフカード	LIFEサンクスプレゼント	5年間

（注：マイル積算率は利用額以外の付帯条件でも変わるものがあり、一応の目安（クレジット払い利用時）です。

ポイント交換で貯める③

ネットポイントで貯める

インターネットではポータルポイントサイトという各種のネットショップやサービスを一括紹介するサイトがあります。このサイトを利用すると、まずそのサイトのポイント（ネットポイント）が貯められます。こうしたサイトはポイントを貯めるだけではなく、別のポイントや他のポイントを自社のネットポイントと交換する機能を有しています。この交換機能を使うことによって、ＡＮＡマイルへ直接交換できないポイントも最終的にＡＮＡマイル交換が可能になります。

●ＡＮＡマイルに交換できるネットポイントの概略

(1)Ｇポイント：アンケート、ショッピング、資料請求などでポイントが貯められます。セシール、マクロミルなどからのポイント交換が可能です。

(2)Ｓｏ-ｎｅｔ：ショッピング、ゲームなどでポイントが貯められます。ポイント交換サービスはありません。

(3)ドットマネー：ポイント交換機能が充実したポータルサイト。

●ポイント

❶ポータルポイントサイトを経由し各種ネットショップやサービスを利用し、サイトのネットポイントが貯められる。
❷ポータルポイントサイトはポイント交換機能があるサイトが多く、一部はＡＮＡマイルへも交換可。
❸ＡＮＡマイルへ直接交換できないポイントも、ネットポイントの交換機能を組み合わせてＡＮＡマイル交換が可能。

◀このＱＲコードで「提携ポイント」のホームページにアクセスし、そこからサブメニュー「ネットポイント」を閲覧できます。

(4)**ネットマイル：**アンケート、ショッピング、資料請求などでポイントが貯められます。ANA以外の五つの航空会社のマイルへも交換できます。

(5)**PeX：**他のポイントへの交換が即時で可能なものが多数あります。

(6)**ポイントインカム：**アンケート、ショッピングなどでポイントが貯められます。このポイントへ他からのポイント交換サービスはありません

(7)**ポイントタウン：**アンケート、ショッピングなどでポイントが貯められます。

ANAマイルへ交換可能なネットポイント一覧

ポイント名	1マイル交換のポイント数	最低交換ポイント数	交換単位ポイント数	マイルへ反映期間	手数料	年間上限	備考
Gポイント	3	30	30	約2〜4週間	なし	なし	1日20,000Gポイント交換上限
So-net	2.5	250	25	約1〜2か月	なし	15,000	
ドットマネー	約3.5	300	300	約4〜5日	なし	なし	月の上限が100,000マネー
ネットマイル	5.4	1,080	1,080	約2か月	1回につき200ポイント	なし	
PeX	約33.4	1,000	100	約2〜3日	なし	なし	
ポイントインカム	35	3,500	3,500	約1〜2か月	なし	なし	
ポイントタウン	3.5	350	3パターン	約1〜2か月	なし	なし	交換単位：350、1,750、3,500の3パターン限定

ANA MILEAGE

ポイント交換で貯める④

お買い物ポイント交換で貯める

本書ではＡＭＣホームページの分類とは異なり、お買い物ポイントとは、個別の企業のポイントではなく、様々な業種の企業と提携して、ショッピングやサービス利用の支払いで貯まる共通利用のポイントとしました。

●ＡＮＡマイルに交換できるお買い物ポイントの概略

(1)**Ｔポイント：**リアル店舗、ネットショップ双方に多くの提携先がある国民的な共通ポイントです。交換できるポイントの種類が多いのもＴポイントの特長です。最低交換ポイント数：５００ポイント＝２５０マイル、５００ポイント単位での交換となります。２０２４年４月22日以降はＶポイント（ＳＭＢＣブループ）と統合します。

(2)**楽天ポイント：**リアル店舗でも提携企業が急増中です。提携先から交換したポイントと期間限定ポイントはＡＮＡマイルへ交換できません。最低交換ポイント数：50ポイント＝25マイルで、２ポイント単位で交換できます。また1回に交換可能なポイント数は５千ポイントで月間２万ポイントの交換上

●ポイント

❶お買い物ポイントとは様々な業種の企業と提携して、ショッピングやサービス利用の支払いで貯まる共通ポイントのこと。

❷Ｔポイントは各種ポイントからの交換したポイントもＡＮＡマイルへ交換できる機能に注目。

❸楽天ポイントは、ポイントの区別によってＡＮＡマイル交換に制約がある。

限があります。

(3)ブルーチップ：全国のブルーチップ加盟店で貯まるポイントと交換できる「ブルーチップギフト券」を1枚（ブック）＝100マイルへ交換できます。このギフト券は第三者への譲渡可能な点が注目に値する機能です。ANAマイルと直接交換するより、Tポイント経由での交換が25%得するレートになります。

(4)EZOポイント：北海道の地元スーパーやドラッグストアチェーン店などの店舗で利用されている共通ポイントサービスです。EZOポイントは300ポイント＝100マイルに交換可能です。

(5)ビーム：北海道と沖縄を除く全国の加盟スーパーや商店が発行する共通ポイントカード。400ポイント＝100マイルの交換レート。1回の申し込みが1万マイル以上は本人確認書類が必要となるケースがあります。

(6)モラタメ・net：新商品や話題の商品が「無料でモラえる」、「小額でタメせる」というお試しサイトです。モラタメポイントをANAマイルに交換できます。1回の交換につき100ポイント交換手数料が発生しますが、モラタメプレミアム会員は交換手数料が発生しません。ANAマイル交換は1050ポイントから（モラタメプレミアム会員は525ポイントから）5250ポイント（上限）まで6タイプ。

◀羽田蔦屋書店
羽田空港第二ターミナル新国際線エリアにできた新しいTポイントが貯まる蔦屋書店。

ポイント交換で貯める⑤

提携企業のポイント交換で貯める

本項ではＡＭＣのマイル交換提携企業のポイント交換について解説します。宿泊や交通など旅行関連のポイント交換と、ＡＮＡカード、クレジットカード、ネットポイント、お買い物ポイント、金融関連のポイント交換は各項目の説明に含めていますので、それぞれを参照してください。

●ＡＮＡマイルに交換できる提携企業のポイント

①**ヤマダポイント**：全国チェーンの家電量販店のポイント。

②**スギポイント**：全国チェーンのドラッグストアのポイントサービス。

③**nanacoポイント**：セブンイレブン等総合流通企業のnanacoポイントとの交換。直接ＡＮＡ ＳＫＹコインへの交換も可能。

④**マツキヨココカラポイント**：全国チェーンのドラッグストア。マツモトキヨシのポイントとの交換。店頭交換受付は2023年3月31日で終了。

⑤**Ｓポイント**：阪急阪神グループ傘下の商業施設などの利用で貯まる共通ポイント。

●ポイント

❶ＡＭＣのマイル交換には提携企業別のポイントでの交換機能も利用できる。

❷ヤマダホールディングス、マツモトキヨシなど全国に店舗展開の企業があり、地域差なく利用可能。

❸nanacoポイントはＡＮＡ ＳＫＹコインへ直接交換も可能。

⑥VeryMatch（ベリ・マッチ）：医師・薬剤師の転職・アルバイト情報提供企業。ここを介しての勤務や紹介でポイント獲得。

⑦MENICOiN：コンタクトレンズメーカーメニコンのポイントサービス。

各企業提携ポイントのANAマイル交換条件は下記の別表を参照ください。

企業提携ポイントANAマイル交換一覧

企業名	ポイント名	1マイルあたりのポイント数	最低交換ポイント数	交換単位ポイント数	マイルへ反映期間	手数料	交換上限マイル数	備考
株式会社ヤマダホールディングス	ヤマダポイント	4	4,000	4,000	約1～2か月	なし	なし	
スギ薬局	スギポイント	5	500	500	約1～2か月	なし	なし	
セブン&アイ・ホールディングス	nanacoポイント	2	500	500	約2～7日	なし	なし	
マツモトキヨシ	マツキヨココカラポイント	5	500	500	約1～2か月	なし	なし	
阪急阪神グループ	Sポイント	4	1,000	1,000	約10日	なし	なし	1回の上限99,000ポイント
ベリ・マッチ	ベリ・マッチポイント	4	4	4	約1～2か月	なし	なし	
メニコン	MENICOiN	3	300	300	約2～4週間	なし	なし	

宿泊で貯める①

宿泊でANAマイルを貯める六つの方法

宿泊施設や宿泊予約サイトの利用はマイレージ提携サービスが多く、最もポピュラーなマイル獲得の機会です。

●ANAマイルが貯められる六つの宿泊利用法

①ANAトラベラーズホテルで貯める。
②ANAワールドホテルで貯める。
③ANAマイレージモール経由の宿泊予約サイトで貯める。
④ANAカード限定の提携ホテルで貯める。
⑤ANAマイルへ変換できるホテルポイントの交換で貯める。
⑥ポータルサイト経由で宿泊予約サイトを利用して貯める。

●予約の手順と室料・プランで差がでる宿泊でのマイル獲得

同じホテルの同じタイプの客室を利用しても、予約サイトの選択と予約手順の違いや、異なる室料や宿泊プランによって獲得できるマイル数に差がで

●ポイント

❶料金と獲得できるマイルのどちらを優先するかで攻略法が異なる。
❷ネット予約でのマイル獲得は最初にどのサイトからアクセスするかが重要。
❸宿泊予約サイトでは消費税やサービス料等の表示が不統一。消費税10％時代となり、比較検討の際にはこの点には十分注意。

ます。**料金とマイルのどちらを優先するかで攻略法は異なります。**

●予約サイトでのマイル積算には最初のアクセスサイトに注意

宿泊のネット予約でのマイル獲得は、検索サイトで付くポイントやマイル、予約サイト独自のマイル交換可能な提携ポイント、支払いでのマイルやポイントと3段階でそれぞれマイル獲得ができ、マイル増量ができる有利な貯め方です。その際注意すべきことは、最初のアクセスをどのサイトから経由して予約するかという点です。

●提携ホテルマイルの積算は1滞在単位が多い

AMC提携ホテルの宿泊でもマイルが積算可能です。ただし多くは1滞在単位で1泊単位は少数です。提携ホテルへ直接予約した場合や宿泊料金（室料）での制約条件があり、現在ではあまり有利な方法とはいえません。

●予約サイトの金額表示に注意

各種の宿泊予約サイトでは消費税やサービス料等の表示が不統一です。消費税が10％となり、比較検討する際にはこの点には十分注意しましょう。

◀釧路プリンスホテル（客室）1滞在で200ANAマイル積算のAMC提携ホテル。

ANA MILEAGE

宿泊で貯める②
ANAマイル積算に有利なANAの宿泊サイト

宿泊でANAマイルを獲得する方法は多岐にわたりますが、一番確実で効率がよい方法は、ANAホームページ経由でネット予約するANAの二つの宿泊予約サイト「ANAトラベラーズホテル」（国内）と「ANAワールドホテル」（海外）の利用です。**両者とも利用金額が税込・日本円表示で、獲得マイル数も明示**されます。

●マイル増量が可能なANAトラベラーズホテル

ANAトラベラーズホテルにはプラスマイル付きプランがあり、通常のマイルに加え、一度に大量の追加マイル（最大2千マイル）が獲得でき。ANAマイルを短期間で増やしたい方には格好の手段です。出張に際し、会社の宿泊規定に適合するなら、利用価値が高い宿泊サイトです。

●海外ホテル予約なら予約方法が明快なANAワールドホテル

海外のホテル予約はキャンセル規定や諸税など細かな規定があり、チェッ

●ポイント

❶ANAトラベラーズホテル（国内）のプラスマイル付きプランでは通常のマイルに加え、一度に大量の追加マイル（最大2千マイル）が獲得可能。

❷ANAワールドホテル（海外）の予約では、事前の金額表示が税込の日本円表示で利用しやすい。

❸海外で宿泊プランを比較検討しながら、マイル獲得も両立させる方法は、現地の宿泊事情に通じていないと難しい。

クアウトまで何マイル獲得できるか不明なケースが多々あります。ANAワールドホテルなら、事前に獲得マイル数が予約画面で明示されていて、金額表示も現地通貨ではなく日本円表示なので利用しやすくなっています。

●海外宿泊では宿泊料金とマイル獲得の両立は難しい

国内宿泊では時間がかかりますが、同じホテルの宿泊プランを複数の予約サイトで価格比較し、さらにマイル獲得の有無を確認して、自分の納得したホテルの宿泊プランで予約可能です。しかし海外では現地の宿泊事情に精通していない限り、宿泊料金とマイル獲得を両立させることは困難です。ANAマイル獲得を主に考えての宿泊プランならANAワールドホテルが最適な選択です。

●宿泊だけにはANA SKYコインは利用不可

ANAマイルから交換しANAの航空券やツアーに使え、再度マイルも貯められるANA SKYコインは、二つの宿泊予約サイトの宿泊のみのプランは利用できません。

◀このQRコードで「ANAトラベラーズホテル」のホームページに直接アクセスできます。

◀ANAワールドホテルWEB画面
海外レンタカーも加わりました。

宿泊で貯める③

ＡＭＣ提携の宿泊予約サイト利用で貯める

●宿泊料金を優先してマイルを貯める方策

ＡＮＡホームページのＡＮＡマイレージモールからアクセスできる提携宿泊予約サイトでもマイル積算が可能です。この方法は宿泊料金を優先したマイル獲得に適しています。ＡＮＡマイルを一度に大量に獲得する点では、「ＡＮＡトラベラーズホテル」には劣ります。

●予約サイトによって同じ部屋でも宿泊料金は異なる

最安値を売りにしている予約サイトもありますが、付帯条件が異なり単純に室料だけで優劣は決まりません。予約サイトごと、予約できる宿泊施設や宿泊プランが異なるので、都度使い分けてマイル獲得の機会を漏らすことをなくしましょう。また予約サイトには個別のポイントが獲得できるものがあります。この仕組みはＡＮＡホームページがポイントポータルサイトとして機能していることで結果的にダブルでマイルが獲得できるのです。

●ポイント

❶ＡＮＡマイレージモールからアクセスできる提携ホテル予約サイトでもマイル積算が可能。宿泊料金優先のマイル獲得に適している。

❷サイトにより予約できる宿泊施設や宿泊プランが異なるので、使い分けでマイル獲得の機会をもらさないようにする。

❸一部サイトの金額表示は詳細画面でないと税・手数料等が確認できないものがある。

◀このＱＲコードで「ＡＮＡマイレージモール・宿泊予約」のホームページに直接アクセスできます。

●ネット予約ではサイトによっては料金・明細に注意

ネット予約の金額表示は、国際的なネット予約での日本語ページでの金額表示も税込または税抜の区分表示が改善されてきていますが、一部サイト（Booking.com等）では、施設によって税・手数料（サービス料等）が別途表示となっていることがある点に注意しましょう。

●びゅうトラベル（えきねっとJRツアー）は列車とのパックツアーが対象

ANAマイレージモール経由の提携宿泊ネット予約サイトの中でも「びゅうトラベル」は列車と宿泊がセットになったツアーがANAマイル積算対象です。

ANAマイルが獲得できるANAホームページ経由の宿泊予約サイト

サイト名	マイル獲得条件	税込・税抜金額表示	独自ポイントやスタンプの有無
aipass	スマートチェックイン1回=100マイル	-	なし
Agoda.com	購入200円＝1マイル	△	あり
エクスペディア		△	あり
Booking.com		○	あり
OZmall		△	あり
楽天トラベル		○	あり
じゃらんnet		○	あり
びゅうトラベル		○	あり
Trip.com		○	あり
Hotels.com		○	あり
Relux		○	あり
Airbnb*		△	初回限定
IHG	購入200円（税抜）＝1マイル	×	なし

税込・税抜金額表示　○:トップ検索画面　△:予約確認画面　×:表示なし　-:対象外
サイト名　＊:初回のみ200円=2マイル

宿泊で貯める④

AMC・ANAカード提携ホテルマイルで貯める

マイレージ提携でのホテルマイルは、インターネットが使われる以前からある最も一般的なマイル提携サービスの一つです。その利用法は会員個人が宿泊ホテルに直接予約し、チェックイン時にマイレージ会員証を提示して、マイルを獲得する方式です。

●マイル積算の諸条件に注意

ホテルマイルの多くは、対象ホテルへの直接予約のみが対象で、他の宿泊検索サイト経由の宿泊プランやホテル自社設定の特別料金室料は対象外になることがあります。確実にその予約がマイル加算対象かを確認するには、事前にANAホームページで積算条件をチェックして利用してください。

●提携ホテルマイルの積算は海外では1滞在単位が多い

AMC提携ホテルでは、宿泊でのマイル積算条件の多くは1滞在単位です。このタイプの提携ホテルマイルは連泊しても増えることはありません。

●ポイント

❶ホテルマイルは会員個人の提携ホテルの直接予約のみが対象で、チェックイン時にマイレージ会員証を提示しマイルを獲得。

❷海外でのホテルマイルの多くは1滞在単位で連泊しても増えない。

❸世界的ホテルチェーンはポイントかANAマイルを選択でき、支払額に応じた加算方法。

◀このQRコードで「AMCのホテル・宿泊」のホームページにアクセスし、そこからサブメニューの「提携ホテル」を閲覧できます。

また独自ポイントサービスを実施している世界規模のホテルチェーンでは、ホテル独自のポイントとANAマイルのどちらかを選択できるものがあります。そうしたチェーンホテルは支払い額に応じて加算マイル数が決まり、1滞在単位ではない方式を採用しています。国内ホテルチェーンの東急ホテルズ等では宿泊数単位のマイル積算となります。

●ANAカード提携ホテルのマイルの積算はAMCとは別

AMC提携ホテルとは違い、ANAカード提携ホテルが別にあります。こちらはANAカードでの支払いに対しマイルがクレジットカード（ANAカード）利用で付くポイントやマイルとは別に付与されるプラスαの提携サービスです。ほとんどが200円に対し1マイルの付与率です。

●改廃が多いので最新情報を常にANAホームページでチェック

ホテルマイル提携のホテル数は非常に多く、本書の限られた紙面で全部を紹介できません。詳細はご面倒でもANAのホームページ（マイルを貯める↓旅で↓ホテル↓提携ホテル）を参照してください。

◀ホテルオークラ神戸（ロビー）1滞在で200ANAマイル積算のAMC提携ホテル。

宿泊で貯める⑤

ホテルポイント交換で貯める

ＩＨＧなど世界的なホテルチェーンにはポイントプログラムがあり、そのポイントをＡＮＡマイルへ交換できます。ホテルチェーンによってはこのポイントを経ずに直接マイル付与を選べますが、ポイントならマイル交換と無料宿泊を振り分けて利用できます。海外での宿泊利用で確実にマイル獲得可能なのは、マイル交換のポイントサービスがある大手チェーンのホテルです。

●確実にホテルポイントを獲得するには自社サイト経由で

ホテルポイントを確実に獲得したいなら、ホテルチェーンのホームページから会員ログインして予約します。他のサイト経由で予約した場合には、ポイント対象にされないケースもありますので注意しましょう。

●マイル付与選択が有利なホテル

ＡＮＡマイルを直接獲得できるホテルチェーンではホテルポイントをＡＮＡマイルに交換するよりも条件が良い場合もあります。

●ポイント

❶世界的ホテルチェーンのポイントプログラムは、ポイントがＡＮＡマイルに交換可能。
❷ホテルチェーンの一部にはホテルポイントのＡＮＡマイル交換より直接ＡＮＡマイル獲得が条件が良い場合もある。
❸一部ホテルポイントは実質無期限になり長期間貯めておけたり、一定以上のマイル交換数でボーナスマイルが優遇されたり、購入、譲渡も可能なものがある。

◀このＱＲコードで「提携ポイント」のホームページにアクセスし、そこからサブメニューの「ホテル・旅行ポイント」を閲覧できます。

●ホテルポイントの購入

世界的なホテルチェーンのポイントには年間での上限設定があるものの、ポイント自体を購入ができるものがあります。

●ホテルポイントの様々な機能に注目

ホテルポイントの一部には有効期限がありません。有効期限内にポイント利用があれば自動延長され実質的に無期限になるものもあり、長期間貯めておけます。またマイル交換数が一定以上だとボーナスマイルの優遇策があるものや、他の会員からの譲渡可能など、ポイントごとに諸条件があります。

ANAマイルに交換可能なホテルポイントの概要

ポイントプログラム名	ポイント付与率	ポイント交換	最小交換ポイント数	交換単位ポイント数	購入上限ポイント数	ホテルポイント有効期限
IHG One Rewards	1米ドル=10または5P	10,000P=2,000マイル	10,000	10,000	150,000	実質無期限
マリオット ボンヴォイ*	1米ドル=10または5P	3P=1マイル	3,000	3	50,000	実質無期限
ワールド オブ ハイアット**	1米ドル=5P	2.5P=1マイル	5,000	1,250	55,000	実質無期限
ヒルトン・オーナーズ	1米ドル=10または5P	10,000P=1,000マイル	10,000	10,000	80,000	実質無期限
シャングリ・ラ グループ「シャングリ・ラ サークル」	1米ドル=1～1.5P	500P=500マイル	1,000	500	10,000	3年(暦年)
フォートラベルポイント	海外ホテル1予約=4,000P	1,000P=50マイル	1,000	1,000	―	2年(暦年)
アップルポイント(ホテリスタ)	100円=1P	3P=1マイル	3	3	―	365日

*:交換数量でのボーナスポイントと1日最大240,000ポイントが上限あり
**:交換数量のボーナスポイントと交換回数(1日1回)設定あり

ANA MILEAGE

グルメ・レストランで貯める

外食やグルメのデリバリーの機会を利用してもＡＮＡマイルを貯めることができます。飲食店利用時のマイル積算は事後申請ができないのと、ＡＮＡカードで支払ってもＡＭＣ提携マイル分は自動的に付与されないので、支払い前にマイル積算を自ら申し出ることと会員カード（デジタルカードも可）またはＡＮＡカードの持参を忘れないことです。

●ＡＮＡグルメマイル

全国のＡＭＣ提携の飲食店での利用でマイル獲得できます。お店の参加状況は常に変化しますので、ホームページで確認し次の点に注意し利用してください。

①**予約**：ネット予約の対象店ではネット予約して利用すると利用人数に応じて一人あたり30マイル（ランチは5マイル）が貯められます。

②**ＡＭＣ提携**：ＡＭＣ提携店のマークの対象店ではＡＭＣカードの提示で１００円＝最大2マイルが貯められます。

③**ＡＮＡカード支払い**：ＡＮＡカード提携店のマークの対象店では支払いで

●ポイント

❶外食関連での事後申請不可なのでＡＭＣカードやＡＮＡカード、ＡＭＣデジタルカードを必携。
❷ＡＮＡカードで支払ってもグルメマイル分は自動付与されないので支払い前に自ら申し出る。
❸飲食関連でのマイル提携店は提携自体に改廃が多いので、確実を期すには利用前にＡＭＣホームページで確認。

▲このＱＲコードで「ＡＮＡグルメマイル」のホームページに直接アクセスできます。

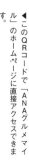

付くマイルに加えANAカードの支払いで100円＝1マイルがプラスαで貯められます。

●飲食店やデリバリー予約利用の予約でマイル獲得

飲食店の予約でANAマイルが獲得できます。下段の別表を参照してください。

●個別提携飲食店でのマイル獲得

個別の提携飲食店でもマイルが積算できます。その一部はANAカード限定です。外食でのマイル提携店は改廃が多いので、マイル獲得に確実を期すには利用前にAMCホームページ（マイルを貯める↓レストラン）で確認して利用ください。

ANAマイルが獲得できるレストラン予約サイト&グルメデリバリー一覧　2024年1月現在

対象サイト	積算条件	注意点
ホットペッパー グルメ	予約⇒20マイル	消費税・送料・手数料などは対象外
OZmall（オズモール）	購入200円ごとに1マイル	
世界のGOHAN @home	購入100円ごとに1マイル	
ピザハット公式サイト	購入200円ごとに1マイル	
ナポリの窯	購入100円ごとに1マイル	
ニチレイフーズダイレクト	購入100円ごとに1マイル	
オーダーチーズドットコム	購入100円ごとに1マイル	

交通関連で貯める①

国内レンタカー・カーシェアで貯める

ANAマイルを貯められる国内レンタカーは利用できる営業所が年々充実しています。ただし、万が一事故になった場合はマイル積算されません。

●レンタカーでのマイル獲得

①ANAトラベラーズレンタカーで貯める（8社の一括検索）。
②ANAマイレージの提携レンタカーでマイルを貯める。
③レンタカー検索サイト経由予約でマイルを貯める。

●カーシェア予約の手順

カーシェアでもマイルが貯められます。レンタカーと異なる点は、カーシェアの事前会員登録が必要で、AMCモール経由での予約です。

●提携レンタカー利用時の注意点

会社別に予約する提携レンタカーでのマイル獲得の方法は、各社へ直接ネッ

●ポイント

❶国内の主要レンタカーでANAマイルが獲得できる営業所は拡大している。
❷ANAトラベラーズレンタカーなら8社の一括検索が可能。
❸旅行代理店やツアー付帯のレンタカー利用はマイル積算されないものが多い。

◀このQRコードで「ANAトラベラーズレンタカー」のホームページに直接アクセスできます。

トや電話での予約利用となります。旅行代理店やツアー付帯利用ではマイル積算されないものが多いので、マイル積算の除外条件に注意しましょう。

●ANAトラベラーズレンタカー経由のレンタカーサイト利用の注意点

ANAトラベラーズレンタカーは複数のレンタカー会社を一括検索できて便利です。ただしANAマイルは個々の会社での提携マイルとダブル獲得はできません。

ANAマイルが貯められる国内レンタカー&カーシェア一覧 2024年1月現在

区分	会社	予約アクセス https://www.grm.ana.co.jp/	マイル積算条件
レンタカー会社	ニッポンレンタカー	直接予約	個人会員: 100円(税抜)=1マイル プレミアムレッドメンバー: 100円(税抜)=2マイル 法人会員・非会員: 200円(税抜)=1マイル
		ANAトラベラーズ一括検索	100円(税抜)=1マイル
	トヨタレンタリース	直接予約	100円(税込)=1マイル
		ANAトラベラーズ一括検索	100円(税込)=1マイル
	オリックスレンタカー	直接予約	スタンダードメンバー 100円(税込)=1マイル ゴールドメンバー／ プラチナメンバー 100円(税込)=2マイル
		ANAトラベラーズ一括検索	100円(税込)=1マイル
	バジェット・レンタカー	直接予約	100円(税込)=1マイル
		ANAトラベラーズ一括検索	100円(税込)=1マイル
	日産レンタカー	直接予約	100円(税抜)=1マイル
		ANAトラベラーズ一括検索	100円(税込)=1マイル
	Jネットレンター	直接予約	100円(税抜)=1マイル
		ANAトラベラーズ一括検索	100円(税込)=1マイル
	タイムズ カー レンタル	直接予約	100円(税込)=1マイル
		ANAトラベラーズ一括検索	100円(税込)=1マイル
	スカイレンタカー	直接予約	100円(税抜)=1マイル
		ANAトラベラーズ一括検索	100円(税込)=1マイル
予約サイトレンタカー	じゃらんレンタカー	AMC経由	利用金額100円=1マイル
	たびらいレンタカー予約		利用金額200円=1マイル
	ニッポンレンタカー		利用金額100円=1マイル
	楽天トラベル 国内レンタカー		利用金額200円=1マイル
	レンタルカーズドットコム		1回利用=700マイル
カーシェア	NISSAN e-シェアモビ	AMC経由	200円(税込)=1マイル
	ニッポンレンタカー カーシェアリング		100円(税抜)=1マイル

交通関連で貯める②

海外レンタカーで貯める

海外でのレンタカー利用でもＡＮＡマイルが貯められます。レンタカー会社により、積算基準が異なります。会社によってマイル積算の対象国・エリアの制限があり、プランによってはマイル対象外になることがあります。

●海外レンタカーでのマイル獲得

①ＡＮＡマイレージの提携レンタカーでマイルを貯める。
②レンタカー検索サイト経由予約でマイルを貯める。

●海外レンタカー利用時の注意点

会社別に予約する提携レンタカーでのマイル獲得の方法は、各社へ直接ネットや電話での予約利用となります。予約に際しＡＮＡマイレージクラブお客様番号および会員専用割引番号が必要な会社があります。マイル提携対象外の国や営業所があるので、予約時に確認してください。旅行代理店経由の予約やツアー付帯利用ではマイル積算されない等、マイル積算の除外条件

●ポイント

❶海外レンタカーは、会社により積算基準が大きく異なる。マイル積算の対象国・エリアの制限がある会社がある。
❷予約に際しＡＭＣお客様番号および会員専用割引番号が必要な会社もある。
❸領収書または契約書があれば事後登録可能。

◀このQRコードで「ＡＭＣ提携レンタカー」のホームページに直接アクセスできます。

に注意しましょう。領収書または契約書があれば事後登録が可能です。

ANAマイルが貯められる海外レンタカー一覧

区分	会社	マイル積算率	条件	対象エリア	予約アクセス	事後登録
レンタカー会社	アラモレンタカー	1回=300マイル	現地払いのプランのみ	アメリカ(ハワイ含む)・カナダ	会社直接	6か月以内
	エイビスレンタカー	1日=100マイル	最大500マイル	AVIS海外営業所(アラスカ以外)	会社直接	6か月以内
	シクストレンタカー	1回=350マイル	—	全営業所対象	英語サイト	—
	ダラーレンタカー	1回=300マイル	—	グアムを除くアメリカ合衆国(ハワイ含む)	会社直接	6か月以内
		1回=400マイル			ANAマイレージモール経由	
	ナショナルカーレンタル	1日=50マイル	最大300マイル現地払いのプランのみ	アメリカ・カナダ	会社直接	6か月以内
	ハーツレンタカー	1日=50マイル	一般・クーポン(米国のみ)および法人料金	米国・グアム・カナダ・欧州・オーストラリア・ニュージーランドなど	会社直接	6か月以内
	ハジョットレンタカー	1日=100マイル	最大500マイル	海外	会社直接	6か月以内
予約サイト	rentalcars.com	1回=700マイル	—	180ヵ国	ANAマイレージモール経由	—

交通関連で貯める③

タクシー・ハイヤーの利用で貯める

全国各地にＡＮＡマイル提携タクシーとハイヤーがあり、マイルが貯められます。ＡＭＣカード提携とＡＮＡカード提携の二つのタイプがありますが、グルメマイル同様、乗車時の申請登録にはカード持参が必要です。現金以外で料金支払いが可能なら、支払い方法によってもマイルを獲得できます。

●タクシーでのマイル獲得の八つの方法

①ＡＭＣのタクシーマイル対象タクシーで貯める。
②ＡＮＡカードマイルプラス対象のタクシーで貯める。
③ＡＮＡマイルに交換できるポイントサービスのタクシーで貯める。
④Ｔポイントの貯まるタクシーで貯める。
⑤ＡＮＡマイルが貯まる交通系ＩＣカードが使えるタクシーで貯める。
⑥Ｅｄｙが使えるタクシーで貯める。
⑦ＡＮＡマイルへポイント交換できるクレジットカードでタクシー料金を払う。
⑧ＡＮＡマイルが貯まるタクシー配車アプリを使う。

●ポイント

❶乗車時の申請登録にはＡＭＣカードかＡＮＡカードを持参。事後申請は不可。
❷ＡＭＣ提携タクシーでは電子マネーなど支払い方法によってダブルでＡＮＡマイルが貯められる。
❸ＡＭＣ提携タクシーも含め、タクシー利用でのマイルの貯め方は八つもある。

●交通系ICカード（Suica等）でのタクシーマイル

交通系電子マネー（Suica等）が使えるタクシーは、釣銭受領の手間がなく便利です。ANAカード交通系ICカード一体型では、カードチャージや利用ポイントがANAマイルに交換でき、電子マネーで支払うとマイルが貯まります。

●Edyでのタクシー料金支払い

最近ではEdyが使えるタクシーが全国的に増えてきています。ANAモバイルプラス利用者はさらにマイル増量できます。

ANAマイルを貯められるタクシー&ハイヤー一覧

区分	タクシー会社	営業エリア	マイル積算率	諸条件
AMCカード提示	NearMe	全国空港	200円（税込）＝1マイル	
	得タク	全国	100円（税込）＝1マイル	現金支払いのみ対象
	キャブステーション	全国	100円（税込）＝1マイル	現金支払いのみ対象
	松崎交通	羽田・成田空港	200円（税込）＝1マイル	
	平成エンタープライズ	首都圏	200円（税込）＝1マイル	
AMCポイント交換	たびの足ポイント	全国	1P=1マイル	
	得タクポイント	全国	1,000P=200マイル	
AMC提携配車アプリ	タクシーアプリ『GO』	全国	決済金額640円（税込））につき、1マイル	
ANAカードマイルプラス	石川交通	石川県	200円（税込）＝1マイル	タクシーチケット利用は対象外
	杵築国東合同タクシー	大分県	100円（税込）＝1マイル	
	別府大分合同タクシー	大分県	100円（税込）＝1マイル	
	スマートライド	国内内外空港	200円（税込）＝1マイル	
	杉並交通	首都圏	200円（税込）＝1マイル	ハイヤー利用
	イースタンエアポートモータース	成田空港・東京	200円（税込）＝1マイル	ハイヤー利用
	多古タクシー	成田空港・東京	100円（税込）＝1マイル	
	東京MKタクシー	首都圏	100円（税込）＝1マイル	
	東京・日本交通	関西	200円（税込）＝1マイル	
	グリーンキャブ	首都圏	100円（税込）＝1マイル	福祉タクシーは対象外

交通関連で貯める④

ガソリンスタンドや駐車場で貯める

●ガソリンスタンドでマイルを貯める

二つのチェーンでANAカードの支払いでマイルが貯められます。ガソリン以外にエンジンオイルや洗車等の支払い分も対象です。

①ENEOS：100円（税込）＝1マイル（2024年3月31日まで）

②出光：200円（税込）＝1マイル。

●駐車場でマイルを貯める

ANAマイルの貯められる駐車場には時間貸と予約型の2タイプあり、予約型はANAマイレージモール経由での予約が対象です。なおANAマイルが貯められる時間貸し駐車場では三井のリパーク以外は空港関連の駐車場が大半です。

●ポイント

❶ガソリンでのマイル獲得はANAカード提携のENEOSと出光。

❷三井のリパークはANAカードの支払いでマイル獲得。

❸全国各地の空港駐車場ではANAカード提携が多い。

◀羽田空港第四駐車場（P4）ANAターミナルに直結で便利な空港駐車場です。

ANAマイルが貯められる駐車場一覧

区分	駐車場名	対応カード	マイル積算率	条件等
予約型	ANAマイカーバレーサービス成田空港発着国際便(ANA運航ANA便往復利用者限定)	AMC	100円(税込)⇒1マイル	
		ANA	100円(税込)⇒2マイル	
	軒先パーキング	AMC	100円(税抜)⇒1マイル	ANAマイレージモール経由
	タイムズのB	AMC	100円(税抜)⇒1マイル	ANAマイレージモール経由
	セントラルパーキング成田	ANA	100円(税込)⇒2マイル	事前ネット予約対象
		AMC	100円(税込)⇒1マイル	
時間貸	サンパーキング(成田空港)	ANA	最大100円(税込)⇒1マイル	提携先専用サイト
	ANA PARKS	ANA	100円(税込)⇒1マイル	
	三井のリパーク	ANA	200円(税込)⇒1マイル	ANAカード決済
	大阪国際(伊丹)空港駐車場	ANA	100円(税込)⇒1マイル	ANAカード決済
	高知龍馬空港駐車場	ANA	100円(税込)⇒1マイル	ANAカード決済
	仙台空港お客様第1・第2駐車場	ANA	100円(税込)⇒1マイル	ANAカード決済
	高松空港駐車場	ANA	100円(税込)⇒1マイル	ANAカード決済 2022年10月末提携終了
	長崎空港駐車場	ANA	100円(税込)⇒1マイル	ANAカード決済
	羽田空港第1・第2・第3・第4駐車場	ANA	100円(税込)⇒1マイル	ANAカード決済
	松山空港駐車場	ANA	100円(税込)⇒1マイル	ANAカード決済

交通関連で貯める⑤

電車やバスなどの利用で貯める

ＡＭＣでは鉄道会社などとＡＮＡカード交通系ＩＣ一体型などの提携カードもあり、定期券購入、クレジットチャージ等で貯まるポイントをマイルに交換できます。一般的にはＡＮＡマイルに交換できるポイントが貯まるクレジットカードを乗車券や定期券の購入や交通系ＩＣカードチャージに使うことでマイルが貯められます。

●鉄道・バス関連でのマイル獲得の方法

①ＡＮＡカード交通系ＩＣ一体カードで貯まるポイントをマイルに交換。
②鉄道会社のポイントをＡＮＡマイルに交換。
③ＡＮＡマイルが貯まる交通機関の利用。
④乗車券購入や交通系ＩＣカードチャージでＡＮＡマイル交換できるポイントが貯まるクレジットカードを利用する。
⑤旅ＣＵＢＥ連携サービス（ＡＮＡ航空券予約者限定）を利用する。

●ポイント

❶ANAカード交通系IC一体型の提携カードもあり、定期券購入、クレジットチャージ等で貯まるポイントをマイルに交換。
❷各鉄道会社提携のクレジットカードで獲得できるポイントをANAマイルに交換できる。
❸ANAマイルに交換できるポイントが貯まるクレジットカードを乗車券や定期券の購入や交通系ICカードチャージに使いマイルを貯めるのが基本攻略法。

●ANAカード交通系IC一体型カード

ANAカード交通系IC一体型カードでは、カードによってANAマイルに交換可能なポイントを貯められる対応品目は異なりますが、他のクレジットカードでは得られない交通機関利用でマイルが貯められます。特に交通系ICカードは、直接AMCとは提携していない全国各地のバスや地下鉄でも利用でき、それらの利用がすべてマイル獲得に直結するのが利点です。

●鉄道会社のポイント交換

ANAカード交通系IC一体型カードとは違う各鉄道会社提携のクレジットカードでは、獲得できるポイントをANAマイルに交換できる京浜急行（京急プレミアポイント）等があります。

●ANAマイル提携の交通機関

交通機関とのマイル提携は期間限定や地域が限られます。京急ANAのマイルきっぷ（片道30マイル、往復70マイル）、京成スカイライナー（指定購入方法でのANAカード払いで100円＝1マイル）、東京モノレール（対象区間492円乗車につき20マイル）等が代表例です。

◀東京モノレール羽田空港第二ターミナル駅浜松町⇕羽田空港で20マイル貯まります。

ANAマイルへ交換できる鉄道会社系のポイント

鉄道会社	ポイント名	交換率	最低交換単位	交換単位	手数料	交換上限	条件等
京浜急行	京急プレミアポイント	1,000ポイント=400マイル	1,000ポイント	1,000ポイント	なし	なし	事前利用登録
東京メトロ	メトロポイント	100ポイント=90マイル	1,000ポイント	1,000ポイント	なし	20,000ポイント(月1回)	ANA To Me CARD PASMO JCB(ソラチカカード)会員
		1,000ポイント=600マイル					Tokyo Metro To Me CARDの本会員
西日本鉄道	nimocaポイント	10ポイント=7マイル	10ポイント	10ポイント	なし	なし	ANA VISA nimocaカード会員限定
JR北海道	JRタワースクエアポイント	3,000ポイント=1,000マイル	3,000ポイント	3,000ポイント	なし	30,000ポイント(月1回)	「JRタワースクエアカード ANA Kitaca」会員限定
JR九州	JRキューポ	1,000ポイント=500マイル	1,000ポイント	1,000ポイント	なし	1日に1回	「JQ SUGOCA ANA」会員限定
東急電鉄	TOKYU POINT	1,000ポイント=750マイル	1,000ポイント	1,000ポイント	なし	なし	ANA TOKYU POINT ClubQ PASMO マスターカード(TOKYU×ANAカード)会員
		1,000ポイント=500マイル					TOKYU POINTカード会員
名古屋鉄道	名鉄ミューズ	100ポイント=60マイル	100ポイント	100ポイント	なし	なし	名鉄ミューズ会員登録済のAMC会員

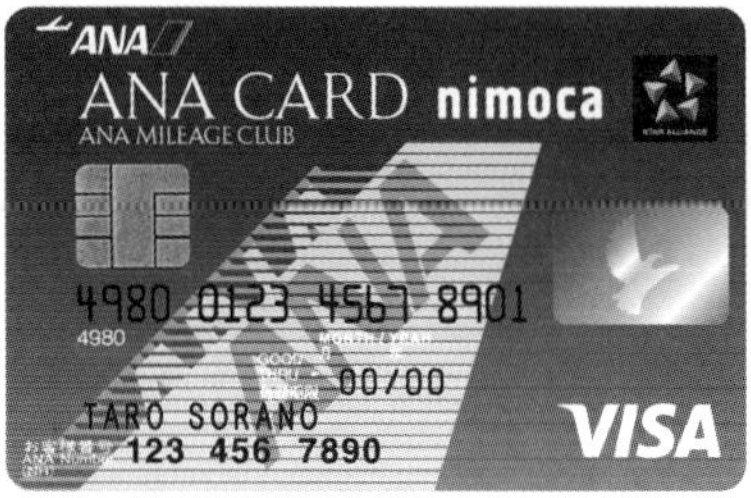

◀ANA nimocaカード
九州の西鉄の交通系ICのnimocaと一体型のANAカード。

金融関連で貯める

AMCでは金融機関などの提携サービスでANAマイルやANA SKYコインを貯めることができます。この他に提携金融機関のポイントをANAマイルへ交換する方法でも可能です。

●口座開設でマイル獲得

①SMBC日興証券：新規口座開設で200マイル。

②外為オンライン：新規口座開設完了で1000マイル。

③京葉銀行：インターネット支店新規口座開設で300マイル。

④トラノコ：口座開設で1000マイル。投資額に関わらず毎月5マイル。

⑤アイネット証券：新規口座開設取引完了（100万通貨）で2500マイル。

⑥フィデリティ証券：新規口座開設で50マイル。

●利用状況に応じてマイルが貯まる金融機関

①WealthNavi for ANA：運用開始で300マイル、特定期

●ポイント

❶金融機関などの提携サービスでANAマイルやANASKYコインを貯めることができる。

❷金融機関でのマイル獲得は口座開設や、利用状況に応じてマイルが貯まるなどがマイル積算の方法。

❸金融機関が独自に運営しているポイントサービスのポイントをANAマイルへ交換する提携もある。

間平均資産評価額100万円以上で50マイル（年間最大200マイル）。

②**スルガ銀行（＊）**：ANA支店に口座開設後、銀行取引の内容に応じてマイル獲得。

③**ソニー銀行**：住宅ローンや外貨定期預金等でマイル獲得。

④**三井住友信託銀行**：定期預金や投資信託購入等の取引に応じてマイル獲得。

⑤**SMBC信託銀行（＊）**：新規口座開設や海外ATM利用等でマイル獲得。

⑥**Wealth Wing**：運用6か月間後に金額に応じてマイル獲得。

＊特定のAMC提携カード会員限定。

●マイルではなくANA SKYコインが貯まる金融

①**SORAHO**：各種保険申し込みのポータルサイトです。契約する保険会社と保険の種類で獲得できるコイン数が異なります。

②**ANAの保険**：加入で500コイン、継続で200コイン獲得。

●外貨両替でANAマイルが貯まるトラベレックス

外貨両替サービスのトラベレックスでは、外貨両替（日本国内店舗、オン

◀トラベレックス（成田空港第一ターミナル）外貨両替でもANAマイルが貯められます。

ライン外貨宅配の両方）でマイルが貯まります。店舗では日本円⇓外貨：1万円両替につき20マイル（1万円未満切捨て）、外貨⇓日本円：両替後の日本円1万円につき20マイル（1万円未満切捨て）。オンライン外貨宅配では、日本円⇓外貨：3万円の両替につき60マイル積算。以後1万円ごとに20マイル（3万円以上1万円単位、上限30万円まで）。AMCプレミアムメンバーや一部ANAカード会員は特別レートで外貨両替ができます。

●ポイントがANAマイルに交換できる金融機関

銀行等の金融機関が独自に運営しているポイントをANAマイルへ交換する提携もあります。ポイント付与の基準は各企業で定めた取引条件で変わります。対象機関と交換率等は下記の一覧を参照ください。

AMC提携金融機関ポイント交換条件一覧

企業名	1ポイントあたりのマイル数	最低交換ポイント数	ポイント交換単位	交換手数料	交換上限マイル数	備考
OKB大垣共立銀行	0.2	2,500	5	なし	なし	
十六銀行	約0.33	100	100	なし	なし	
日本生命	0.35	2,000	100	なし	なし	
マネックス証券	0.25	1,000	1,000	なし	なし	
みずほ銀行	3	200	200	なし	なし	
みずほ銀行（みずほマイレージクラブカード/ANA）	3.5	100	100	なし	なし	
みずほ銀行（みずほマイレージクラブカード会員以外）	3	200	200	なし	なし	
りそな銀行・埼玉りそな銀行・関西みらい銀行	0.5	2	2	なし	999,998	交換は1日1回に限定

AMC提携企業のショッピングで貯める①

店舗の利用で貯める

本項ではAMCのマイル提携企業の内、実際の店舗でのマイル獲得について解説します。宿泊や交通、飲食店等は別項目で前述しています。

●AMC提携加盟店

AMC会員ならANAカードでもAMCカードでもマイル加算条件を満たせばマイル獲得できる店舗です。

●ANAカード限定のマイル提携（ANAカードマイルプラス）

AMCのホームページのマイル提携企業の内、ANAカードのマークはANAカード会員限定のANAカードマイルプラス加盟店です。カード会社のポイントとは別に、100円または200円＝1マイルが貯まります。

●店舗系マイル提携企業

店舗系のマイル提携企業は多岐にわたり、限られた紙面ですべてを紹介で

●ポイント

❶AMCの企業提携にはAMC提携とANAカード提携の2タイプあり、ANAカード提携の場合は一般会員は対象外。
❷ANAカードマイルプラス加盟店とは、クレジットカード会社のポイントとは別に、さらに100円または200円＝1マイルが貯まる提携店。
❸企業とのマイル提携とその条件の改廃は頻繁。定期的に関連のホームページチェックは必須。

きません。ここでは代表例に留めます。提携企業とその条件の改廃は頻繁です。ＡＭＣホームページでの定期的な確認を勧めます（＊：ＡＮＡカードマイルプラス提携）。

①**デパート**：高島屋（＊）、大丸、松坂屋（＊）、阪神百貨店（＊）
②**お土産・免税店**：ＡＮＡ ＤＵＴＹ ＦＲＥＥ ＳＨＯＰ、ＡＮＡ ＦＥＳＴＡ
③**引越し**：サカイ引越センター、ハート引越センター、アリさんマークの引越社
④**住宅関連・日用雑貨**：ＡＮＡの住まい、吉祥寺菊屋
⑤**中古車**：ＪＣＭ、カーセブン、カーネクスト、カーチス
⑥**衣料、ファッション、バッグ**：コナカ、フタタ、サムソナイト
⑦**空港関連**：手ぶら・空港宅配サービス、羽田空港ペットホテル（＊）
⑧**ハウスキーピング**：ダスキン、アート引越センター エプロンサービス
⑨**美容・健康**：ＡＭＣリラクゼーションマイル、ＭＥＤＩＣＡＬマイル
⑩**コンビニ**：セブンイレブン（＊）
⑪**アクティビティー等**：キッザニア、乗馬クラブクレイン、ＡＮＡトラベラーズアクティビティ
⑫**家電販売**：ヤマダデンキＬＡＢＩ（＊）、ビックカメラ札幌店
⑬**モバイル・Ｗｉ－Ｆｉルーター**：Ｖｉｓｉｏｎ ＷｉＭＡＸ

◀このＱＲコードで「日常でマイルが貯まる」のホームページに直接アクセスできます。

◀阪神梅田本店
ＡＮＡカードマイルプラスのデパートです。

AMC提携企業のショッピングで貯める②

AMCのネットショッピングで貯める

ANAのネットショッピングでもANAマイルを貯められます。ANAカードやその他ANAマイルが付く支払い方法（ANA Pay等）が使えるサイトならその分マイルを増量できます。またプレミアムメンバー・スーパーフライヤーズ本会員なら、「ライフソリューションサービス　ボーナスマイル」も獲得できます。

①**ANA Mall**：ANAマイレージモールとは異なる新設のネットモール。通常でのマイル積算は100円＝1マイル。これにボーナスマイルが付くケースがあり、両方とも積算マイルは口座グループ1となります

②**ANA ショッピングA Style**：以前からあるAMCのネットショッピングサイト。マイル積算は通常マイルは100円＝1マイル。

③**ANA マイレージモール**：AMC会員番号とパスワードを入力してアクセスする提携ネットショップの利用でマイルが貯まります。積算条件はショップによって異なり、ANAカードカマイルプラス加盟店もあります。

●ポイント

❶ANAのネットショッピングではマイル積算が支払い手段を工夫するとさら増量できる。
❷ANA Mallは従来あったANAマイレージモールとは別の新設ネットモール。
❸AMC会員でステイタスがある会員やSFC会員であればさらにボーナスマイルなどの増量もある。

◀このQRコードで「ライフソリューションサービスボーナスマイル」のホームページに直接アクセスできます。

AMC提携企業のショッピングで貯める③

航空券購入・機内販売で貯める

ANAから航空券を直接購入（ANAのWEB、旅CUBEや空港カウンター等）、機内販売にANAカードで支払うと「ANAカードマイルプラス」対象でマイルが増量。機内販売はAMCカードでもマイル獲得（100円＝1マイル）できます。

●ANAカードの種別による航空券マイル積算率：下段の一覧を参照。

●機内販売のANAカードでのマイル積算：①対象：1品1000円以上、②積算率：100円＝2マイル（プレミアムカードのみ100円＝3マイル）、③：ANAカード払い10％割引、④：コードシェア便でのマイル付与と割引優待はANA機材使用便限定、⑤：事後登録不可。

ANAカード支払いによるマイル積算優遇一覧（ANA航空券直接購入）

カード種別	マイル付与率
一般カード、ワイドカード	100円に付き1.5マイル
ゴールドカード、ダイナーズカード	100円に付き2マイル
一般カード（アメリカンエキスプレス）	100円に付き2.5マイル
カードプレミアム（JCB）	100円に付き3マイル
ゴールドカード（アメリカンエキスプレス）	100円に付き3マイル
カードプレミアム（VISA）	100円に付き3.5マイル
カードプレミアム（ダイナース）	100円に付き4.5マイル
カードプレミアム（アメリカンエキスプレス）	100円に付き4.5マイル

●ポイント

❶航空券購入を国内のANAのWEB、旅CUB、空港カウンターでANAカード払いだと「ANAカードマイルプラス」が適用され、マイル増量に有利。

❷機内販売ではAMCカード会員でもマイル獲得可能。ANAカード払いなら、割引優待やマイル増量がある。

❸ANAカードの種別でANA直接の航空券購入時でのマイル積算率が異なる。

公共料金やふるさと納税で貯める①

ANAでんきで貯める

「ANAでんき」はauエネルギー&ライフが提供するでんきサービスで、ANAマイレージクラブ会員（毎月200マイル）、ANAカード会員（毎月300マイル）が現在利用の電力会社から乗り換えると、毎月マイルが貯まるサービスです。

●対応できないプランがある

オール電化住宅・マンション一括受電サービスを導入の集合住宅の方、季時別プラン、法人契約などを利用中の方など一部プランでは「ANAでんき」へ乗り換えできません。沖縄県と一部離島を除き全国で利用できますが、本書執筆時点（2024年1月）では、当面の間、東北電力エリア、北陸電力エリア、四国電力エリアでの新規申し込みが一時停止中となっています。

●ネット申し込み可能

申し込みから完了まですべてネットで済ませることが可能です。

●ポイント

❶現在利用の電力会社から乗り換えると毎月ANAマイルが貯まる電力プラン。
❷季時別プランなど一部プランは対象外。
❸全国（沖縄県と一部離島を除く）で利用可能。ただし当面の間東北電力エリア、北陸電力エリア、四国電力エリア新規申し込みを一時停止中。

◀このQRコードで「ANA でんき」のホームページに直接アクセスできます。

ANA MILEAGE

公共料金やふるさと納税で貯める②

公共料金やふるさと納税で貯める

AMCでは公共料金（ガス・電気）の支払いやふるさと納税などでもANAマイルを貯められます。電力会社等のポイントをANAマイルへ交換する方法でもANAマイルは獲得できます。

●ANAカード決済でマイル増量できる公共料金

①**ENEOSでんき**：ANAカード決済200円（税込）＝1マイル。
②**ENEOS都市ガス**：ANAカード決済200円（税込）＝1マイル。
③**サミットエナジー**：AMCプラン電気料金200円（税抜）＝1マイル。
④**北海道電力**：関東各県と山梨県・静岡県（富士川以東）の供給エリアのANAマイルBプラン（ANAカード決済）200円（税込）＝1マイル。
⑤**北陸電力**：新規申し込み停止中（2024年1月現在）。

●電力会社のポイントをANAマイルへ交換

①**関西電力「はぴeポイントクラブ」**：100はぴeポイント＝50マイル交

●ポイント

❶公共料金はANAカードで払った分に、JCBのOki-Dokiポイントのような ANAマイルに交換可能なポイントが付与されるのが共通利用法。
❷電力会社等のポイントをANAマイルへ交換する方法でもマイルは獲得可。
❸ANAのふるさと納税はAMCのふるさと納税のポータルサイト。納税をANAカードでも行うことができ納税額200円につき最大6マイル貯められる。

換、最低交換数は3000ポイント以上、交換単位100ポイント。

②**四国電力「よんでんポイント」**：100よんでんポイント=50マイル交換、最低交換数100ポイント以上、2ポイント単位。

●クレジットカードで公共料金を支払いマイルを貯める

公共料金の支払い分もANAマイルへ交換できるクレジットカードのポイントが付与されるものがあり、公共料金でもANAマイルが貯められます。

●ANAのふるさと納税

「ANAのふるさと納税」はAMCのホームページからふるさと納税を申し込むふるさと納税のポータルサイトです。このサイトを経由することでふるさと納税での返礼品に加え、納税額100円につき1マイル獲得できます。また納税をANAカードでも行うことができANAカードの種類にもよりますが、最大ふるさと納税額200円につき6マイル貯めることができます。なお、ふるさと納税とは自分が選んだ自治体に寄附を行った場合に、寄附額のうち2千円を超える部分について、所得税と住民税から原則として全額が控除される制度です（一定の上限があります）。

◀このQRコードで「ANAのふるさと納税」のホームページに直接アクセスできます。

◀ANAのふるさと納税のホームページ
ANAカード払いなら最大200円につき6マイル獲得可能です。

ANA Pocketで貯める

「ANA Pocket」とは日常生活で歩いたり乗ったりして「移動する」だけで特典をゲットし、それをANAマイルに交換できるスマホのアプリを使うAMCのオプションプログラムです。三つのプラン（ANA Pocket Lite（無料）、ANA Pocket（無料）、ANA Pocket Pro（月額：550円））があり、無料プランのANA Pocketのプチマイルガチャを使ってタダでマイルを貯められます。

●利用できるOSバージョンが限定

iPhoneではiOS14.0以上、Androidでは10.0以上のOSに対応したスマホでしか利用できません。

●特典がもらえるガチャの利用条件はプランで異なる

特典はアプリ内のガチャを使い獲得しますが、マイルが獲得できるマイルガチャはANA Pocket Proだけ、ANA SKYコインが獲得できるSKYコインガチャはANA Pocket Liteでは利用できません。

●ポイント

❶スマホのアプリを使うAMCの3タイプのオプションプログラム。
❷利用できるスマホのOSバージョンが新しいものに限定される。
❸タダでマイルが貯められるが、Proタイプ（有料）はマイルを増量しやすくなる。

◀このQRコードで「ANA Pocket」のホームページに直接アクセスできます。

ANAリサーチで貯める

「ANAリサーチ」とはANAマイレージクラブのオプションプログラムで、パソコンやスマホを使ってANAリサーチの独自アンケートに答えることでポイントが貯まり、そのポイントをANAマイルに交換できます。

●マイルへのポイント交換は月3回

アンケートで獲得したポイントのANAマイルへの交換は月3回、ポイントの有効期限は1年後の同月末日です。20ポイント⇒8マイルと交換です。

●アンケートのチェックは自主的に

「ANAリサーチ」のアンケートは登録会員へのメールでの告知などはありません。ANAホームページのマイページの告知機能を使って回答可能なアンケートを知って利用する方法なので、日常的にAMCのホームページへ定期的にアクセスしましょう。

●ポイント

❶ANA独自のアンケートで貯まるポイントをマイルに交換できるのがANAリサーチ。
❷20ポイント⇒8マイルと交換。ポイントの有効期限（期間）と交換回数（月3回）に注意。
❸ANAリサーチは自らアクセスして利用する。

◀このQRコードで「ANA リサーチ」の紹介ページに直接アクセスできます。

その他のANAマイルが貯まる提携サービス——

ANAマイルを貯める提携サービスは実に多様です。本項は最後に、今までの分類にあてはまらない提携の一部を紹介します。

●書籍・雑誌・新聞・CD・DVD

楽天ブックス、TOWER RECORDS ONLINE等。

●プロバイダー・通信

SpinNet：スピンネットの利用で毎月10マイル、「フレッツ光」サービスの利用で毎月25マイル獲得。

●転職支援

ビズリーチ：転職サイトへの新規登録で500マイル、本サイト経由での転職決定で2500マイル獲得。

●動画配信サービス

Penguin：ANA関連の動画と豊富なラインナップの動画サービス利用で100円（税込）＝1マイル。

●ゴルフ場の予約

①**ANAトラベラーズゴルフ**：予約プランの支払いで100円＝1マイル。

●ポイント

❶ANAマイルを貯める提携サービスは多様で、ホームページから最新情報を知るのがベスト。
❷メディア関連商品・サービスのAMC提携の多くはAMCマイレージモール経由。
❸ANAトラベラーズゴルフならゴルフプレーでもマイル増量が可能。

②**ANAカードマイルプラス加盟ゴルフ場**：ANAカードのクレジット決済で100円＝1マイルまたは200円＝1マイル（ゴルフ場で異なる）獲得。
③**カヌチャリゾート**：ANAカード決済で200円（税込）＝1マイル。
④**太平洋クラブ**：ANAカード支払い200円（税込）＝1マイル。

●ウエディング

①**IHG・ANA・ホテルズグループジャパン**：対象ホテルでの披露宴金額（料理と飲物の総額）100円（税金・サービス料除く）＝1マイル獲得。
②**エスクリ**：結婚式総額によりマイル又はANA SKYコインが獲得可能。
③**沖縄ハーバービューホテルウエディングサロン**：披露宴金額（料理と飲物の総額）で200円＝1マイル積算。

●海外旅行サポート

OCSファミリーリンクサービス：海外宛注文の決済金額がマイル対象。

●空港利用

KIX・ITMカード：フライトポイント40＝100マイルと交換。

●学習・資格

ANAビジネスソリューション：ANAカード支払い200円＝1マイル。

◀このQRコードで「日常でマイルを貯める」のホームページに直接アクセスできます。

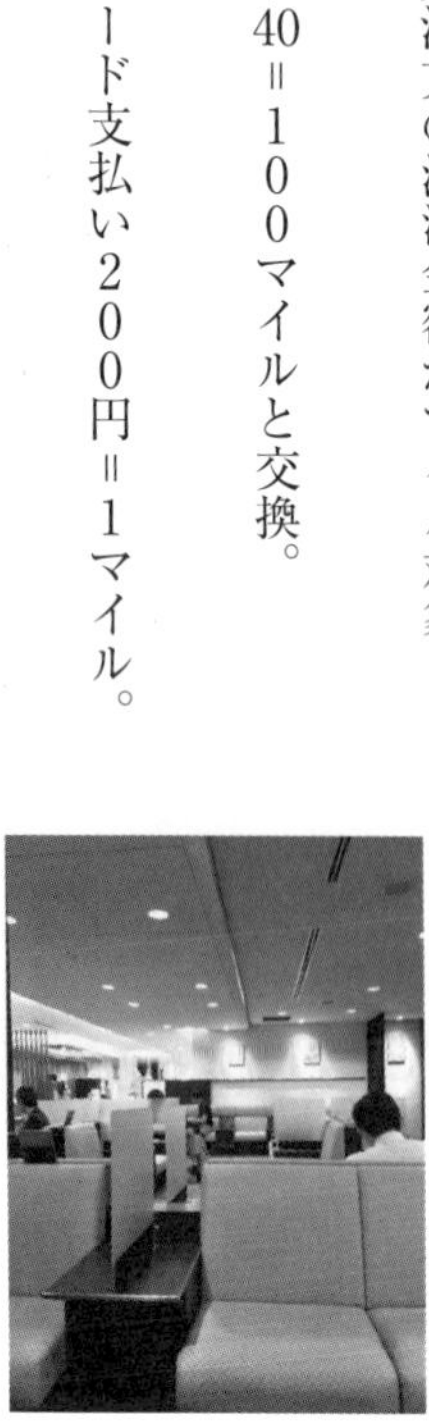

◀関西空港ANAラウンジ
関西空港と伊丹空港の利用の多い方はKIX・ITMカードでマイル増量ができます。

PARTⅣ ANAマイレージクラブを使いこなす

ANAマイレージクラブ（AMC）にはANAやスターアライアンス加盟航空会社の搭乗回数の多い方向けに、上級会員制度として「プレミアムメンバーサービス」があります。この資格を獲得するとマイル利用法は段違いに広がります。またANAカードやインターネットの活用、ポイント交換などの使い方の工夫次第で大きな差が生まれます。最後にAMCの重点項目を再点検して、あなたの攻略法を確かなものにブラシュアップして、マイレージの超達人を目指しましょう。

インターネットを使いこなす

　本書はＡＭＣ攻略の指南書であると同時にＡＭＣホームページを使いこなすガイドブックです。ＡＭＣの提携はインターネットで利用することを前提にしたサービスですので、ＡＭＣホームページに掲載の利用条件を確認せずに有効に利用することはできません。ただしインターネット利用には様々な制約と条件があります。

●アクセス環境面での注意

(1)個人アカウントと個人所有の機材を使用する

　個人情報保護の面で会社やネットカフェなど共有機材では危険が伴います。

(2)高速回線と最新ＯＳを使い機能をフル活用する

　ネット回線を利用する際には、通信回線の速度やＯＳのヴァージョンが反応速度に影響します。サービス機能をフル活用するには、Ｗｉ-Ｆｉ等の高速回線と最新ＯＳで利用するように心掛けてください。

●ＡＮＡマイレージクラブはネット利用を工夫しないと不利益

●ポイント

❶マイレージでのインターネット利用は、セキュリティーの観点から個人アカウントで個人所有の機材を使用。
❷ネットでサービス機能をフル活用するには、Ｗｉ-Ｆｉ等の高速回線と最新ＯＳを利用。
❸マイル獲得には、ポイントの二重取りなどが可能なポータルサイトを活用する。

⑴ AMCの特典交換申し込みはネット利用が主流

AMCの特典はネット申し込みが主流で、特典航空券の電話での申し込みは大半が有料です。特定の特典やポイント交換はネット申し込みしかできません。

⑵ ポイントポータルサイトの使い方を工夫する

ポイントの二重取りなどが可能なポイントポータルサイトの使い方を工夫して、より効果的にインターネットを活用しましょう。またAMCの提携ではANAマイレージモール経由でのアクセスを忘れないようにしましょう。

●スマホのAMC利用で注意すべき点

今ではほとんどのAMCメニューがスマホで利用できるようになりました。むしろデジタルクーポンやAMCモバイルプラス、ANA Payなどのサービスはスマホがないと使えません。ただしスマホでAMCの各サービスを利用する際に注意が必要な点があります。

①最新のOSヴァージョン対応しか利用できないサービスがある。
②一部キャリア（格安携帯電話会社）では使えないサービスがある。
③料金プランによって使えないサービスがある。
④印刷を必要とする場合は対応できるプリンターに制限がある。

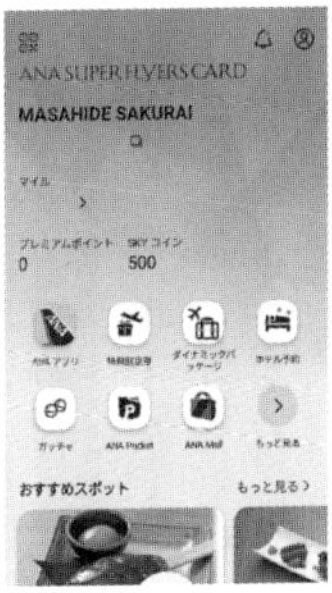

◀AMCアプリ画面
スマホではアプリ利用が便利。

ANAカードを使いこなす①
利用条件を再考する

AMC攻略に最重要なアイテムであるANAカード。ラインアップが増え、今では50種以上のタイプがあります。今まで利用してきたカードよりも、あなたのライフスタイルにより適合した機能の新しいANAカードがあるかもしれません。更新時にはカードの利用条件を再考してみることが有効です。

●年会費だけを選択主要条件にせず付帯保険等も注視する

ANAカードは一般カードからプレミアムまで年会費は大きく異なります。カードの付帯保険は海外旅行ではその威力を発揮します。特に携行品の保証等の詳細は、カードによってはホームページから知ることができません。各カード会社に個別に問い合わせて確認します。家族カードの条件も異なります。年会費だけでなく各種条件を総合的に判断することを推奨します。

●マイル移行手数料

ANAカードのマイル積算は提携カード会社のポイントをマイル移行する

●ポイント

❶ANAカードの選択条件は、年会費より付帯保険等に注視する。特に海外旅行で役立つ携行品保険は重要。

❷一般カード、ワイドカードは10マイルコース（１００円＝1マイル）には、移行手数料がかかる点に注意。

❸高額なANA国際線航空券ならANAカードプレミアムで購入するだけで数万マイル獲得。

ことでマイルが貯まるシステムです。初めての方には見落としがちな項目です。一般カードでは千円＝10マイル（10マイルコース）とするにはカードによって異なるマイル移行手数料が必要です。またこの移行サービスがないカードもあります。学生カード（ＪＣＢ）、ゴールドカードでは10マイルコース移行手数料は不要です。同じく手数料が不要なカードプレミアムならＶＩＳＡ、ダイナースは千円＝15マイルと、さらに高率です。

●利用接点に影響するカードブランド

カードのブランドは利用接点に影響します。特に海外ではＶＩＳＡとマスターカードが他のブランドよりも利用できる接点（加盟店）で優位です。国内に限るとＪＣＢが最大です。こうした点も選択の条件の一つです。

●ＡＮＡ便利用時のインパクト

ＡＮＡカードの威力はＡＮＡ便利用で遺憾なく発揮されます。搭乗時のボーナスマイルと航空券購入時のＡＮＡマイル増量です。国際線ビジネスクラスの航空券を個人のＡＮＡカードで購入すると、ＡＮＡカードプレミアムなら一度で数万マイル以上という大量のマイル獲得ができます。

◀ＡＮＡカード（学生用）ＪＣＢカード10コースのマイル移行手数料がかかりません。

ANAカードを使いこなす②

複数のANAカード利用

ANAカードの複数種を同一会員が利用できる点に注目し、用途別に使い分ける戦略も成り立ちます。ANAカードではないAMC提携クレジットカードもその範囲に入ります。年会費を無料にできるカードは特に注目です。

●楽天Edy攻略用に有益なカード

ANAカードではありませんが、楽天ANAマイレージクラブカードは楽天Edyへのクレジットチャージでも200円につき1マイル積算でき、年会費は年1回利用で無料となり、楽天Edy利用には有益なカードです。

●ポイント交換機能が魅力

「ANA To Me CARD PASMO JCB」でのメトロポイントとの相互交換は、交換減少率が少なく、マイルを延命する機能では有利な条件を持つANAカードです。JCBは10マイルコース手数料も一般カードで一番安く、公共料金でもポイントが貯めやすい「Oki Doki ポイント」の

●ポイント

❶楽天ANAマイレージクラブカードは、楽天Edy利用には必携のAMC提携カード。
❷マイルとポイントの相互交換機能に優れているANAカードは「ANA To Me CARD PASMO JCB」。
❸マイルが合算可能なANAカードファミリーマイル攻略には、家族カードの条件差に注目。

◀このQRコードで「ANAカード」のホームページに直接アクセスできます。

マイル自動移行コースでマイルが貯められます。

●中国での利用が多い方

中国での利用に便利な「ANA銀聯カード」が、ANAカードのサブカードとして利用できます。これが使えるANAカードは、「ANA VISA／マスターカード」「ANA VISA Suicaカード」「ANA TOP&ClubQ PASMOマスターカード」限定です。

●家族会員カードの扱い

マイルが合算可能なANAカードファミリーマイルでは、対象家族がクレジットカード入会資格を有している場合は、家族全員がANAカード会員でなくてはなりません。家族カードの年会費は、ANA JCBカードZEROは5年間無料、カードプレミアムではアメリカンエキスプレスは4人まで無料、ダイナースは全員無料です。一般カードは初年度無料で次年度以降1100円です。本会員がゴールドカードの場合、家族の学生は本会員の家族カードでなく学生カードに、学生でない29歳以下の家族ならANA JCBカード ZEROに個別加入する方策も一考です。

◀ANA To Me CARD PASMO JCB ポイントの相互交換機能が優れたANAカード。

プレミアムメンバーサービスを使いこなす①
サービスステイタスの獲得 ―

プレミアムメンバーサービスを利用するには、サービスステイタスを獲得する必要があります。AMCでは従来の航空機利用のプレミアムポイントに加え、日本発行のANAカード会員ならANAカードとANA Pay年間利用額、ANAのライフソリューションサービスを一定基準以上利用することでもサービスステイタスを獲得できます。下部の一覧表は概要です。ライフソリューションサービス併用の詳細に関しては、年度ごと異なりますのでAMCのWEBで確認します。

プレミアムメンバーのサービス内容の代表例

RSS*利用（*ライフソリューションサービス）と日本発行のANAカード

	ブロンズ		プラチナ		ダイヤモンド			ダイヤモンド+More
区分	航空機利用	RSS利用＊	航空機利用	RSS利用＊	航空機利用	RSS利用＊	RSS利用＊	RSS利用＊
年間プレミアムポイント	30,000	15,000	30,000	30,000	100,000	50,000	80,000	150,000
年間の獲得プレミアムポイント（ANAグループ運航便ご利用分）	15,000	15,000	25,000	30,000	100,000	50,000	80,000	150,000
ライフソリューションサービス利用数	―	4	―	7	―	7	7	7
ANAカード・ANA Pay決済額の総額（単位：万円）	―	300	―	400	―	500	400	600

●ポイント

❶プレミアムメンバーサービスは暦年のプレミアムポイント獲得数（内ANA運航便の最低基準あり）で決まる。

❷航空機利用のプレミアムポイントに加え、日本発行のANAカード会員は、カードとANA Pay年間利用額とライフソリューションサービスの利用実績を併用しても、サービスステイタスを獲得できる。

❸ライフソリューションサービスの併用のサービスステイタス獲得条件は年度ごと異なる。

◀このQRコードで「ステイタス獲得条件」のホームページに直接アクセスできます。

ANA MILEAGE

プレミアムメンバーサービスを使いこなす②
プレミアムポイントとプレミアムメンバーサービス

AMCにはANAやスターアライアンス各社の有償搭乗で付与されるマイルとは別のポイントサービス「プレミアムメンバーサービス」があります。

●ステイタスで異なるサービス内容

ポイント獲得数で三つのサービスメンバー区分（ステイタス）があり、サービスの内容は一部共通のものとステイタスで異なるものとがあります。プラチナ、ダイヤモンドは年間獲得数によってプラスアルファがあります。

●主要空港で生きるプラチナ以上のステイタス

プラチナ、ダイヤモンド、スーパーフライヤーズはスターアライアンスの共通のステイタスであるスターアライアンス・ゴールドが獲得できます。この資格は主要空港では搭乗時に優先レーンを利用でき、さらに専用ラウンジも利用でき、特に海外では無料Wi-Fiやコンセント利用に不自由しません。

●ポイント

❶有償搭乗でのポイントであるプレミアムポイントを暦年で一定数以上貯めると、ANAやスターアライアンス便利用時に特別待遇される資格（プレミアムメンバー）が獲得できる。
❷プレミアムメンバーの有効期限は1年間で毎年資格更新。
❸スターアライアンス・ゴールドの共通ステイタスは、海外旅行には非常に有益な価値ある資格。

◀このQRコードで「プレミアムメンバーサービス」のホームページに直接アクセスできます。

●ステイタスは毎年更新

プレミアムメンバーの資格は毎年更新であることが問題です。仕事やライフスタイルの変化で航空機の利用が減少すると、せっかく得ることができた特別待遇を失うことになります。そういった際に役立つのは、ANAスーパーフライヤーズカード（SFC）です。SFCに関しては次項で、その詳細を解説します。

●アップグレードポイントの獲得

国際線（ANAグループ運航便、ユナイテッド航空運航便）と国内線（ANAグループ運航便）で座席を無料でアップグレードできるアップグレードポイントがANAグループ運航便で獲得したプレミアムポイント数に応じて獲得できます。

プレミアムメンバーのサービス内容の代表例

サービス内容 代表例	プレミアムメンバーステイタス			SFC
	ブロンズ	プラチナ	ダイヤモンド	
スターアライアンス 共通ステイタス	シルバー	ゴールド	ゴールド	ゴールド
ANA便ボーナスマイル	40～55%	90～105%	115～130%	30～50%
ラウンジ利用 (ANA Suite LOUNGE)	×	×	○	×
ラウンジ利用 (ANA LOUNGE)	マイルまたは アップグレード ポイントでの利用のみ	○	○	○
SFC入会資格	×	○	○	—
ANA SKY コインへの 交換率優遇(1万マイル以上)	1.3～1.7倍	1.3～1.7倍	1.3～1.7倍	1.2～1.6倍
国内線 特典航空券の空席待ち	×	×	○	×
国際線特典航空券・ アップグレード特典の優先	×	○	○	○
専用保安検査場利用	×	○	○	○
手荷物許容量優待	○(国際線のみ)	○	○	○
ダイアリー・カレンダー・ 手帳のプレゼント	×	○	○	○ 本会員のみ

プレミアムメンバーサービスを使いこなす③

ANAスーパーフライヤーズカード会員

「マイル修行」なる行為が、日本のマイレージ愛好者向けに指南書も発行されるなど年々注目の的になりつつあります。「マイル修行」とは、ANAのスーパーフライヤーズカード（SFC）会員やJALのJALグローバルクラブ（JGC）会員になるためのポイントを貯めるために、ひたすら航空機利用することを指します。

●クレジットカードを更新するだけでステイタスが継続

仕事などで航空機を利用する機会が多い方には、搭乗によるポイントでのサービスステイタス獲得は、その後の航空機利用の機会で特別待遇され、メリットの大きな制度です。しかしこのサービスステイタスは毎年更新なので、ライフスタイルの変化で搭乗機会が減ってしまうと翌年はその資格を失ってしまいます。折角得た優遇サービスは一旦獲得してしまうと、失うことは忍び難いことです。そんな際には、このSFCはクレジットカードの年会費を払い継続する限り、ほぼプラチナサービスと同様のステイタスを保持

●ポイント

❶SFC会員は搭乗機会が減っても、クレジットカードを更新している間は、プラチナメンバーとほぼ同格のサービスステイタスを保持できる。
❷プラチナメンバーにはない家族カードにより、家族会員も本会員と同様のステイタスサービスを単独でも利用できる。
❸海外旅行で威力を発揮するスターアライアンス・ゴールドのサービスステイタスを保持できる。

できる会員制度です。

●家族カードでも同様の扱い

ＳＦＣには家族会員カードがあり、家族会員も本会員と同様に各種の優遇サービスが受けられることこそ最大のメリットです。特に3名以上で家族旅行する場合、本会員のラウンジ同行可能は1名なのが問題で、家族カードが威力を発揮します。また本会員と同行しない旅程でもＳＦＣ家族カード会員も同じ優遇サービスが受けられ、絶大な機能を発揮します。

●海外旅行で威力を発揮するスターアライアンス・ゴールド

スーパーフライヤーズ会員は、スターアライアンスの共通ステイタスのスターアライアンス・ゴールドを保持し、この資格は海外の空港で抜群の威力を発揮します。主要空港での優先セキュリティーレーン利用、入管手続きに有利な手荷物の優先受取り、長時間待ち合わせに便利なシャワールーム利用、無料Ｗｉ‐Ｆｉ、電源コンセント完備、充実した飲食サービスのラウンジ利用など日本国内よりもその恩恵は段違いです。

◀このＱＲコードで「スーパーフライヤーズカード」のホームページに直接アクセスできます。

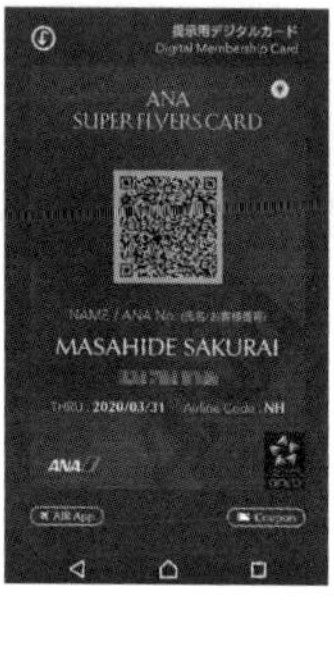

◀ＳＦＣデジタルカード
スマホアプリでもＳＦＣデジタルカード表示になります。

SFC速攻修行ヒント集

(1)SFCマイル修行とは？

マイレージではマイル以外に実際の航空機搭乗でマイルとは別に一般的にはエリートポイント（AMCではプレミアムポイント）が獲得できます。このポイントを一定期間内（大体が暦年1年間）に一定の基準まで獲得できると、その航空会社や同じアライアンスの提携会社便利用に際し様々な優遇サービスが提供されます。この制度は一般的にステイタスサービスといい、ANAではプレミアムメンバーズといいます。サービスステイタスは毎年更新され、搭乗の機会が減って基準のポイント数に達しないと、翌年は前年と同様な優遇サービスが得られず、この優遇策を続けて適用されるためには、搭乗実績をコンスタントに続ける必要があります。年度によって航空機利用の頻度は増減することがよくあることですが、一旦獲得した優遇サービスを手放すことは、航空機の利用が多い方にはかなりの痛手になります。ところがAMCにはこのサービスステイタスとほぼ同じ優遇サービスを特別の提携クレジットカード会員になることで、カード年会費を払って更新する限り自動的に継続される特別な会員制度としてスーパーフライヤーズカード（SFC）があります。これはマイレージ愛好者には願ってもない制度であり、是が非でも入りたいと思う方が出てきても不思議ではありません。SFC会員になるためには暦年で1年間に、一定基準のポイントを獲得すれば入会資格ができることから、その基準をクリアするためにひたすら飛行機に乗ることを「マイル修行」といわれるようになりました。

(2)2024年に制度変更したJALのJGC入会資格

日本のマイレージでAMCと並んで参加者の多い、JALマイレージバンク（JMB）にも、AMCと同じようなステイタスプログラムがあり、さらにSFCと同様な特別カード会員制度として、JALグローバルクラブ（JGC）があります。2024年度からJMBではステイタスプログラムに新しい制度として、従来のJALのステイタスサービスである「FLY ONサービス」に加え、新たに「JAL Life Status プログラム」が発足しました。今までJGCの入会資格は、「FLY ONポイント」の単年度でのポイント数で獲得可能でしたが、2024年からは「JAL Life Status プログラム」のポイント数に変更され、短い期間で入会資格を獲得することが難しくなりました。このことはマイレージに入会間もない会員が、搭乗機会が増えたタイミングに合わせて短期間に一定基準以上のステイタスサービスと同格の資格が確保されるJGC会員になることが難しいことを意味します。そうした方にはSFCは短期間にサービスステイタスと同格のサービスを確保できる点が魅力です。こうした点を考えると「マイル修行」されたい方は、AMCの制度に一層注目すると思われます。

(3) AMCプレミアムメンバーの新制度

2022年からはANA カード会員は、ライフソリューションサービスのサービス利用数とANAカードとANA Pay利用額を合わせた三つの条件でサービスステイタスを獲得できることになり、クレジットカードの利用をANAカードに集約することで、SFC入会資格獲得のハードルがかなり緩和されることになりました。

(4) 各地区の修行に向いた路線と運賃

燃油サーチャージや国際線の運航便数がまだコロナ以前の水準に戻っていない現状では、「マイル修行」は専ら国内線で実行するのが現実的です。**最短日程**（少ない日数での獲得）ならプレミアムクラス割引運賃スーパープレミアム28かプレミアム株主優待（株主優待券は金券ショップ等で購入利用も可能）に加え、調整用に一部プレミアム運賃を使います。費用（航空運賃）をできる限り安くする（**最安修行**）なら普通席のスーパーバリュー75などで、区間基本マイルの長い路線を集中的に利用する方法をとることになります。「修行」を日帰り日程とすると、会員の居住地区によって、運航スケジュール、運航便数、運賃など勘案すると修行に向いた路線候補は絞られます。また実施日は休日

（土、日、祝）を利用することとして試算をしてみます。

ただし割引タイプの運賃は予約時点によって変動するので、読者にとって本書を読んだ時点では、最安運賃の日程がすでに過ぎていることがあったり、すでに予約が一杯であったり、購入期限が過ぎていたりする場合もあるので、以下の路線案はあくまでヒントとしての参考です。

①札幌地区（札幌：新千歳空港）
最短日程：札幌⇕大阪（伊丹）（1日2往復）6日。
最安修行：札幌⇕福岡（1日1往復）19往復。

②首都圏地区（羽田空港）
最短日程：羽田⇕石垣&羽田⇕沖縄（1日各1往復）4日。
最安修行：羽田⇕沖縄（那覇）（1日2往復）17往復

③名古屋地区（名古屋：中部空港）
最短日程：中部⇕沖縄と中部⇕札幌（1日各1往復）6日。
最安修行：中部⇕沖縄（1日1往復）21往復。

④関西地区（大阪：伊丹空港・関西空港）
最短日程：伊丹⇕札幌（新千歳）（1日2往復）6日。
最安修行：関空⇕石垣（1日1往復）17往復と伊丹⇕福岡（1往復）合計18往復。

⑤九州地区（福岡空港）
最短日程：福岡⇕沖縄（1日2往復3日間）と福岡⇕札幌（1日間）4日。
最安修行：福岡⇕札幌（1日1往復）19往復

⑥沖縄地区（那覇空港）
最短日程：沖縄⇕羽田を1日2往復（4日）1日1往復（1日）5日。
最安修行：沖縄⇕羽田（1日2往復）17往復。

▲ANA JCBスーパーフライヤーズカードプレミアム
年会費が最安のSFCプレミアムカード。

ミリオンマイラープログラム

ミリオンマイラープログラムは2013年に登場したAMCのプログラムで、条件を達成すると生涯にわたって特別なお客様として処遇される制度です。短期間では達成できない究極のマイラーランクです。

●LTマイルが資格獲得の基準

ミリオンマイラープログラムの資格算出の基準はLT(ライフタイム)マイルというこのプログラム専用のマイル数で計算されます。LTマイルは搭乗クラスや有償・無償の区別なく、実際に会員が搭乗してマイル口座に積算された区間基本マイレージの合計です。ANAグループ運航便に搭乗の場合は、「ANAライフタイムマイル」として、提携航空会社運航便に搭乗した場合は、「ライフタイムマイル(ANA+パートナー航空会社)」としてカウントされ、ANAマイレージクラブが創設された1997年4月1日以降にマイル口座に積算されたマイル実績をもとに算出されます。

●特典航空券利用のマイル数も対象

●ポイント

❶生涯にわたり特別なお客様としての待遇が提供されるプログラム。
❷達成に必要な条件は、LT(ライフタイム)マイルという、搭乗クラス等が加味されない実際の搭乗距離(区間基本マイル数)の累計による。LTマイルはANAとANA+提携航空会社の2種。
❸LTマイルは特典航空券での搭乗分(ANA便のみ)も事後申請すると加算される。

見過ごしがちな点として、ANA国内線特典航空券・ANA国際線特典航空券の利用分もLTマイルには算入されることです。搭乗から6か月以内に事後登録手続きを使ってLTマイルを積算します。ただし提携航空会社運航便の特典航空券は対象外です。

▶このQRコードで「ミリオンマイラープログラム」のホームページに直接アクセスできます。

●特別待遇の内容

①ANAライフタイムマイル100万LTマイル以上

生涯にわたるマイルの有効期限の延長、スーパーフライヤーズカード申し込み資格。

②ANAライフタイムマイル200万LTマイル以上

生涯にわたる「ANA SUITE LOUNGE」の利用（ANA便搭乗時）。

③オリジナルネームタグ

50万、100万、200万、300万、400万、500万 各LTマイル（ANAのみ）以上の全6種類。ANA＋パートナー航空会社ライフタイムマイル：100万LTマイル以上1種類。

▶ミリオンマイラー　オリジナルネームタグ最高峰は500LTマイル。

キャンペーンを使いこなす

マイルを効率よく貯めたり、使ったりするには各種のキャンペーンを上手に活用することは欠かせません。

●キャンペーンの活用にはホームページの定期的アクセスが必須

キャンペーン情報は会員がホームページなどを見て知るタイプの情報提供が多いので、週１回程度定期的にホームページにアクセスしましょう。

●有資格者しか告知されない限定タイプもある

キャンペーンには有資格者だけが利用できる応募者限定のキャンペーンがあり、その場合は該当者しかネット画面でも表示されません。

●毎週火曜日と毎月29日は要注意

毎週火曜日の正午には少ないマイル数で国内線特典航空券が交換できる「今週のトクたびマイル」の発表があり、また毎月29日はＡＮＡ感謝デーのお得な施策「ＡＮＡにキュン!」の発表があります。

●ポイント

❶マイル活用にかかせないキャンペーン情報をいち早く知るために、ANAホームページの週に1回程度の定期的なアクセスを行う。
❷有資格者にしか告知されない限定キャンペーンもある。
❸毎週火曜日と毎月29日はAMC会員はAMCホームページ閲覧に要注意。

◀このQRコードで「MYキャンペーン」のホームページに直接アクセスできます。ログインしていると特定会員限定のメニューも追加されます。

ANA MILEAGE

ポイント交換を使いこなす①
クレジットカードの選択

クレジットカードのポイント交換でのマイル獲得では、年会費等のカード維持費、特定の支払先や利用頻度等を総合的に判断して使うことが賢明です。

●特定の利用先で高率になる機能にも注目

企業との提携クレジットカードには、自社や特定利用先でポイント付与率が高率なものがあり、複数カード利用時の判断条件の一つです。

●カードのブランドと複数所有

海外渡航では盗難や遺失などに備えると同時に、ブランドによる利用接点対策のためには異なったブランドの複数枚のクレジットカードを持参すべきでしょう。

●1枚は海外でのキャッシングが可能なカードに

海外では急に現金が必要な場合に便利なのはクレジットカードの海外キャッシングです。最低1枚は海外キャッシング機能付にしておきましょう。

●ポイント

❶会費などカード維持費や支払先、利用頻度などを総合的に考慮して、クレジットカードの取捨選択の判断をする。
❷海外渡航では盗難や遺失などに備え、複数のクレジットカードを持参するのが賢明。
❸海外旅行に持参するクレジットカードのうち1枚は海外キャッシングが可能なものにする。

ポイント交換を使いこなす②

ポイント交換機能とネットポイントを徹底活用する

あらゆる日常の活動をマイルへつなげ、細かなポイントでも漏らさずに徹底的にANAマイル獲得に利用するなら各種ポイントの交換機能が有用です。この機能を使うと、直接ANAマイルに交換できないポイントでも最終的にANAマイルに交換できます。特にポイントポータルサイト（ネットポイント）は、様々なポイントをANAマイルに集約でき、ポイント交換機能が優れています。

●交換ルートを工夫する

ポイントをANAマイルに交換するには、直接交換する方法以外に、ネットポイント等他の提携ポイント経由でANAマイルへ交換する方法もあります。ただしこうした方法は、手間と交換に要する日数、交換に必要な会員登録や別のクレジットカードも必要となります。そうした面倒を厭わない方は、各種の方法を研究してみてください。ポイント交換情報に関しては、WEBで探索できる「ポイント探検倶楽部」（通称：ポイ探）が便利です。

●ポイント

❶ポイント交換では、直接ANAマイルへ交換するよりも好条件の迂回交換ルートもある。
❷「楽天ポイント」では他のポイントから交換したポイントはANAマイルへの再交換は不可。
❸ポイントポータルサイトを利用したネットショッピングではANAマイルがダブルで貯められる。

●交換機能で差がある2大共通ポイント

ANAマイルへ交換可能な2大共通ポイントの「Tポイント」と「楽天ポイント」では、ポイント交換条件に差がある点に留意しましょう。他のポイントから交換した「楽天ポイント」はANAマイルへ再交換できないのと、月間の交換上限が2万ポイントに設定されています。「Tポイント」にはこの制限がありません。

●ネットポイントの活用

ネットショッピングではポイントポータルサイト（ネットポイント）の一括検索サイトを経由すると、そのサイトのポイントが余分に貯められます。また直接ANAマイルに交換できなくても、何らかのポイント経由でANAマイルに交換可能なものが多いので、最初のアクセスをこのポイントポータルサイトから入ることでマイルを増やせます。ただし、ショッピングサイトに直接アクセスした場合とは違うプランや商品、価格になるものがあります。比較検討して使い分けましょう。

◀楽天ポイントカード（コーナン商事）ポイントのマイル交換はマイル増量に有効な方法です。

ポイント交換を使いこなす③

企業ポイントやホテルポイントの活用

一見ANAマイルとは関係のない各企業の発行する各種サービスポイントも、ポイント交換サイトの利用ができれば、ANAマイルに交換できるケースがあります。日常生活で獲得したものの、使い道のないポイントとして散逸させているポイントが再活用できるかもしれません。今一度ネット検索などで、使っていないポイントの活用を再検討してください。また世界的なホテルチェーンの系列ホテルが日本国内でも増加傾向にあり、今まで海外旅行での利用が中心だったのが、これからは国内利用の機会が増えてAMCのマイル攻略には注目の事項です。

●企業ポイントのネット交換

日本では様々な企業別のポイントサービスがあり、その種類は膨大です。すべてのポイントが、他のポイントへ交換して最終的にANAマイルへ交換できるわけではありませんが、ネットポイント等の機能を使うと思いもよらなかったポイント交換もできるかもしれません。ポイント交換サイトの機能

●ポイント

❶ポイント交換サイトの機能は日々変化し続けており、散逸してしている企業ポイントを有効活用する方法を探ってマイルを増やす。

❷ANAマイルへ交換可能な大手国際ホテルチェーンのホテルポイントの多くは購入可能で、結果的にANAマイルを買うことができる。

❸「マリオット ボンヴォイ」は1回6万ポイントマイル交換するごとに5千マイルボーナス加算でマイルが増量となる。

は日々変化し続けています。定期的にこうしたネット交換サイトの機能を再点検して、死蔵しているポイントを有効活用する方法を探りましょう。また企業ポイントサイトでも少数ですが、ヤマダポイントのように他のポイントにも交換できるものがある点にも注目してください。

●結果的にマイル購入できるホテルポイントの機能

大手国際ホテルチェーンのポイントには年間で上限設定はありますが、IHG Oneリワーズ等ポイント購入ができるものがあります。購入したポイントはポイント口座に即座に反映され、すぐにANAマイルへ交換可能です。ブルーチップのギフト券の金券ショップでの購入と並びANAマイルを結果的に購入できる数少ない手段です。

●1回のポイント交換数が多いとマイルが増量されるホテルポイント

大手国際ホテルチェーンのポイントでは、ポイントのマイル交換で1回の交換数が一定数以上だとボーナス加算があるものがあります。「マリオットボンヴォイ」は1回6万ポイントマイル交換するごとにボーナスマイル加算があり、通常の2万マイルが2万5千マイルとなります。

◀フェアフィールド バイ マリオット 北海道南富良野
日本各地にマリオット系のホテルが急増中です。

海外提携航空会社のマイレージ利用

ＡＮＡマイルはスターアライアンス加盟航空会社他、マイレージ提携している航空会社のマイレージでも貯めることができます。各社の条件を点検すると、マイルの有効期限等がＡＭＣよりも長いものや特定区間の特典航空券が少ないマイル数で交換できる等、一見ＡＭＣよりも有利に思えるものがない訳ではありません。ただしマイルを貯めることに関しては、日本をベースに生活している方にはＡＭＣ以上に有利な条件が整っているマイレージは、海外提携航空会社各社のマイレージを比較してみて皆無だと断言できます。

●国内でマイルを貯めにくい海外系マイレージ

今日の日本でマイルを貯めることは、航空機利用に加え、日常費用の支出や様々な手段で獲得できるポイントをマイルに交換できることが最も重要なキーファクターです。そのため日本国内在住者なら、最低でもマイルが貯まる国内で入会可能な提携クレジットカードがない海外航空会社のマイレージは実用性に乏しいと思います。さらには電子マネーなどの非現金決済化が進行する日本で、特定の海外地域や海外路線を頻繁に往来する方など、特段の事情や条件

●ポイント

❶有効期限や交換マイル数などでＡＭＣよりも有利に見えても、総合的に日本居住者に海外提携航空会社各社のマイレージは不利。
❷航空機利用に加え、日常費用の支出や様々な手段で獲得できるポイントをマイルに交換できることがマイレージでは最重要項目。
❸特定の海外地域や海外路線を頻繁に往来するなら、海外航空会社のマイレージを使うメリットがある。

がない限り国内在住のANA便利用者ならストレートにAMCをメインのマイレージにすることが有効だと思います。スターアライアンス系列以外の航空会社利用はまた別の問題です。

●スターアライアンス以外のマイレージ提携

スターアライアンス以外のマイレージ提携会社ではANA便利用でもマイル獲得には共同運航路線などの積算制限がある会社もあり、その航空会社を中心に利用している以外の方には搭乗マイル獲得の機会は限定的です。

日本語のマイレージホームページがあるAMC提携航空会社

航空会社	マイレージ名	マイルの有効期限	日本国内マイレージ電話窓口	日本国内提携クレジットカード発行
スターアライアンス				
ユナイテッド航空	マイレージプラス	無期限	○	○
ルフトハンザ航空	マイルズ・アンド・モア	3年と最大3か月	○	○
スイス・インターナショナルエアラインズ				
オーストリア航空				
エアカナダ	エアロプラン	無期限	○	×
エバー航空	インフィニティーマイレージランズ	36か月後の末日	○	×
スカンジナビア航空	ユーロボーナス	最長で4年と11か月但しステイタスでことなる	○	×
中国国際航空	フェニックスマイル	36か月	○	○
シンガポール航空	クリスフライヤー	36か月後の末日	○	○
アシアナ航空	アシアナクラブ	10～12年	○	○
タイ国際航空	ロイヤルオーキッドプラス	3年	○	○
ターキッシュエアラインズ	マイルズアンドスマイルズ	3年(歴年)	○	×
スターアライアンス加盟航空会社以外のAMCマイレージ提携				
ガルーダ・インドネシア航空	ガルーダマイルズ	3年間	○	×
ベトナム航空	ロータスマイル	3年間	○	×

○:あり ×:なし

あとがき

前作はマイル運用上の大きな変化が２０２２年４月に予定されていたこともあり、本来の改訂版の発行のタイミングである年初から半年以上遅れてしまいました。今回はマイレージの年度区切りである暦年年初には間に合いませんでしたが、１年半で改訂版の２０２４・２５年版を発行することになりました。この間にもＡＮＡマイレージクラブ（ＡＭＣ）の規約や施策面で広範に変化があり、ほぼ全面的に記事を書き直すことになりました。新作ごとに拙著をご購読していただいている方には、細かく見ていただくとその違いがわかると思います。

さて今回は本シリーズを発行して20年を経たのを期に、紙面を2色刷りに刷新すると同時に、本文の関連項目をＡＭＣのＷＥＢサイトへのスマホを使って即座に確認できるように、全編にわたり該当項目のＱＲコードを掲載しました。また初版限定で航空機利用時のマイル記録用に「ＭＩＬＥＡＧＥ ＬＯＧＢＯＯＫ」を巻末付録として追加しました。この「ＭＩＬＥＡＧＥ ＬＯＧＢＯＯＫ」は、長年私が欲しかったマイレージ記録帳を具体化したもので、記入量は利用頻度の高い方には不十分でしょうが、あくまで試験的なテスト版です。読者の皆様のご意見を頂戴し今後改良していきたく思います。さらに今まで本シリーズの発行を継続していくにつれ、途中で電子書籍化するなどの新企画がありましたが、今後このシリーズをさらに立体的に活用していただくために、読者用のＷＥＢを２０２４年3月から発足する予定です。このＷＥＢを併用することによって、発行後変化のあった各項目の最新情報を補足できると同時に、読者の皆様からのご意見やご要望を企画に反映できるようにしたく思います。

1997年にANAマイレージクラブ（AMC）が発足してすでに四半世紀が過ぎ、会員数も3千万人を超える国民的な人気プログラムに発展してきています。その間に革新的な機能がAMCには次々と導入されてきました。特にインターネットを利用し1マイル単位で特典を利用できる点で、AMCは世界に類をみない新規性を有したマイレージプログラムです。こうした一連の内容の刷新で、マイルの利用方法が多角的になり、まさしく「マイル経済圏」構想が着々と実現しています。AMC利用者においては、進化するマイレージとの付き合い方を研究し、新しいスタイルの攻略法が喫緊の課題になっています。新型コロナウイルスの感染問題がひと段落して、やっとコロナ以前と同様に自由に海外旅行へ行けることとなりましたが、世界情勢の変化とそれに伴う円安と諸外国でのインフレによる諸物価の高騰、高水準が続く燃油サーチャージなど、海外旅行の費用が大幅な出費増になってきているのは頭の痛い問題です。このような環境が長引くにつれ、マイル活用法はより高度な判断が求められます。本書を丹念に読んでいただければ、こうした判断に有益な様々なヒントが得られると思います。どうか「継続は力なり」という基本姿勢で、本書を活用し、毎日の生活の中で自分なりのAMCの楽しみ方を追求してください。

2024年2月

櫻井　雅英

＊本書で使用したデータは2024年2月28日現在一般公開されている情報に基づいています。

●本書の出版にあたっては正確な内容の記述に務めましたが、著者、発行元、販売元のいずれもが、本書の内容に関し、何らかの保証を負うものではありません。また内容に基づくいかなる運用結果に関しても一切責任を負いません。
●本書に記載されている画面イメージなどは、特定の設定に基づいた環境において再現される一例です。
●本書に記載されている製品名、サービス名は、すべて各社の商標です。©、TMなどは割愛させていただきました。
●本書に記載されているURLやその他の情報は、予告なく変更される場合があります。

お問い合わせ先
〒277-0074
千葉県柏市今谷上町19-22
スタートナウ合同会社 「マイレージの超達人(ANA編)」質問係

なおご質問に関しては、封書にてご送付先(郵便番号、住所、氏名)を明記した返信用封筒(84円切手を貼ったもの)を同封の上、上記までお願いします。ご質問の内容によって、返信に数週間以上要する場合があることをご了解ください。なお返信用の切手封入がないもの、住所、氏名が不完全なものにはご回答できかねます。また本書で記載の航空会社各社および各企業へのお問い合わせに関しては、弊社は何ら責任を負うものではありません。

制作協力:ANA X株式会社

*本書で使用したデータはすべて2024年1月末日現在、一般公開されている情報に基づいています。

著者紹介:櫻井雅英(さくらいまさひで)
埼玉大学教養学部卒、筑波大学大学院経営政策科学研究科修了(経営学修士)
現在:スタートナウ合同会社代表社員

マイレージの超達人(ANA編)
2024-25年版

2024年3月25日初版第1刷発行

著 者 櫻井雅英 ©2024 Masahide Sakurai
発行人 櫻井昇子
発行所 〒277-0074 千葉県柏市今谷上町19-22 スタートナウ合同会社
発売元 〒162-0811 東京都新宿区水道町2-15 株式会社玄文社
デザイン:ELABORATE(イラボレイト)
印刷・製本 新灯印刷株式会社

ISBN978-4-911055-15-1 Printed in Japan

MILEGE LOGBOOK　目次

AMC提携航空会社2レターコード一覧

航空会社名	2レターコード	航空会社名	2レターコード	航空会社名	2レターコード
ANA全日空	NH	エチオピア航空	ET	吉祥航空	HO
エーゲ航空	A3	エバー航空	BR	エアドロティ	EN
エアカナダ	AC	LOTポーランド航空	LO	マカオ航空	NX
中国国際航空	CA	ルフトハンザドイツ航空	LH	エティハド航空	EY
エアインディア	AI	スカンジナビア航空	SK	ユーロウイングス	EW
ニュージーランド航空	NZ	シンセン航空	ZH	ガルーダ・インドネシア航空	GA
アシアナ航空	OZ	シンガポール航空	SQ	ジャーマンウィングス	4U
アビアンカ航空	AV	南アフリカ航空	SA	オリンピック航空	OA
オーストリア航空	OS	スイスインタナショナルエアーラインズ	LX	フィリピン航空	PR
ブリュッセル航空	SN	TAPポルトガル航空	TP	ヴァージンアトランティック航空	VS
コパ航空	CM	タイ国際航空	TG	ベトナム航空	VN
クロアチア航空	OU	ターキッシュエアラインズ	TK	ヴァージン・オーストラリア	VA
エジプト航空	MS	ユナイテッド航空	UA		

搭乗クラス(略号)

国際線	ファーストクラス	F
	ビジネスクラス	C
	プレミアムエコノミー	P
	エコノミークラス	Y

国内線	普通席	Y
	プレミアムクラス	P

MILAGE LOG

基本情報	お客様番号 AMC Member Number		搭乗回数(同一年度内) Annual Fligt Milelage Reg Number	
	搭乗日* Flight Date	/ /	航空会社 Airline	
	便名* Flight Number		搭乗クラス Seat Class	
	予約クラス*／運賃種別 Booking Class		座席番号* Seat Number	
	出発空港(IATAコード)* Depature Airport(IATACode)		到着空港(IATAコード)* Arrival Airport(IATACode)	
マイル数	(MA)区間基本マイレージ* Basic Sector Mileage		(MB)予約クラス・運賃種別 マイル積算率 Seat Number	
	(MC) フライトボーナス マイル積算率 Flight Bonus Mile Accrual Rates		今回搭乗の獲得マイル= (MA)×(MB)+(MA)×(MB)×(MC) Total Milege byThis Flight	
プレミアムポイント	(MA)区間基本マイレージ* Basic Sector Mileage		(MB)予約クラス・運賃種別 マイル積算率 Mileage Accrual Rates	
	(PC)路線倍率 Route Ratio		(PD)搭乗ポイント Bording Points	
	今回搭乗の獲得プレミアムポイント= (MA)×(MB)+(MA)×(MB)×(MC) Total Premiumpoints byThis Flight		年度内プレミアムポイント数累計 Earned Premium Points in a year	

基本情報	お客様番号 AMC Member Number		搭乗回数(同一年度内) Annual Fligt Milelage Reg Number	
	搭乗日* Flight Date	/ /	航空会社 Airline	
	便名* Flight Number		搭乗クラス Seat Class	
	予約クラス* Booking Class		座席番号* Seat Number	
	出発空港(IATAコード)* Depature Airport(IATACode)		到着空港(IATAコード)* Arrival Airport(IATACode)	
マイル数	(MA)区間基本マイレージ* Basic Sector Mileage		(MB)予約クラス・運賃種別 マイル積算率 Seat Number	
	(MC) フライトボーナス マイル積算率 Flight Bonus Mile Accrual Rates		今回搭乗の獲得マイル= (MA)×(MB)+(MA)×(MB)×(MC) Total Milege byThis Flight	
プレミアムポイント	(MA)区間基本マイレージ* Basic Sector Mileage		(MB)予約クラス・運賃種別 マイル積算率 Mileage Accrual Rates	
	(PC)路線倍率 Route Ratio		(PD)搭乗ポイント Bording Points	
	今回搭乗の獲得プレミアムポイント= (MA)×(MB)+(MA)×(MB)×(MC) Total Premiumpoints byThis Flight		年度内プレミアムポイント数累計 Earnod Premium Points in a year	

区分	項目	記入欄	項目	記入欄
基本情報	お客様番号 AMC Member Number		搭乗回数(同一年度内) Annual Fligt Milelage Reg Number	
基本情報	搭乗日* Flight Date	/ /	航空会社 Airline	
基本情報	便名* Flight Number		搭乗クラス Seat Class	
基本情報	予約クラス* Booking Class		座席番号* Seat Number	
基本情報	出発空港(IATAコード)* Depature Airport(IATACode)		到着空港(IATAコード)* Arrival Airport(IATACode)	
マイル数	(MA)区間基本マイレージ* Basic Sector Mileage		(MB)予約クラス・運賃種別マイル積算率 Seat Number	
マイル数	(MC) フライトボーナスマイル積算率 Flight Bonus Mile Accrual Rates		今回搭乗の獲得マイル=(MA)×(MB)+(MA)×(MB)×(MC) Total Milege byThis Flight	
プレミアムポイント	(MA)区間基本マイレージ* Basic Sector Mileage		(MB)予約クラス・運賃種別マイル積算率 Mileage Accrual Rates	
プレミアムポイント	(PC)路線倍率 Route Ratio		(PD)搭乗ポイント Bording Points	
プレミアムポイント	今回搭乗の獲得プレミアムポイント=(MA)×(MB)+(MA)×(MB)×(MC) Total Premiumpoints byThis Flight		年度内プレミアムポイント数累計 Earned Premium Points in a year	

区分	項目	記入欄	項目	記入欄
基本情報	お客様番号 AMC Member Number		搭乗回数(同一年度内) Annual Fligt Milelage Reg Number	
基本情報	搭乗日* Flight Date	/ /	航空会社 Airline	
基本情報	便名* Flight Number		搭乗クラス Seat Class	
基本情報	予約クラス* Booking Class		座席番号* Seat Number	
基本情報	出発空港(IATAコード)* Depature Airport(IATACode)		到着空港(IATAコード)* Arrival Airport(IATACode)	
マイル数	(MA)区間基本マイレージ* Basic Sector Mileage		(MB)予約クラス・運賃種別マイル積算率 Seat Number	
マイル数	(MC) フライトボーナスマイル積算率 Flight Bonus Mile Accrual Rates		今回搭乗の獲得マイル=(MA)×(MB)+(MA)×(MB)×(MC) Total Milege byThis Flight	
プレミアムポイント	(MA)区間基本マイレージ* Basic Sector Mileage		(MB)予約クラス・運賃種別マイル積算率 Mileage Accrual Rates	
プレミアムポイント	(PC)路線倍率 Route Ratio		(PD)搭乗ポイント Bording Points	
プレミアムポイント	今回搭乗の獲得プレミアムポイント=(MA)×(MB)+(MA)×(MB)×(MC) Total Premiumpoints byThis Flight		年度内プレミアムポイント数累計 Earned Premium Points in a year	

MILAGE LOG

基本情報	お客様番号 AMC Member Number		搭乗回数(同一年度内) Annual Fligt Milelage Reg Number	
	搭乗日* Flight Date	/ /	航空会社 Airline	
	便名* Flight Number		搭乗クラス Seat Class	
	予約クラス*／運賃種別 Booking Class		座席番号* Seat Number	
	出発空港(IATAコード)* Depature Airport(IATACode)		到着空港(IATAコード)* Arrival Airport(IATACode)	
マイル数	(MA)区間基本マイレージ* Basic Sector Mileage		(MB)予約クラス・運賃種別 マイル積算率 Seat Number	
	(MC) フライトボーナス マイル積算率 Flight Bonus Mile Accrual Rates		今回搭乗の獲得マイル= (MA)×(MB)+(MA)×(MB)×(MC) Total Milege byThis Flight	
プレミアムポイント	(MA)区間基本マイレージ* Basic Sector Mileage		(MB)予約クラス・運賃種別 マイル積算率 Mileage Accrual Rates	
	(PC)路線倍率 Route Ratio		(PD)搭乗ポイント Bording Points	
	今回搭乗の獲得プレミアムポイント= (MA)×(MB)+(MA)×(MB)×(MC) Total Premiumpoints byThis Flight		年度内プレミアムポイント数累計 Earned Premium Points in a year	

基本情報	お客様番号 AMC Member Number		搭乗回数(同一年度内) Annual Fligt Milelage Reg Number	
	搭乗日* Flight Date	/ /	航空会社 Airline	
	便名* Flight Number		搭乗クラス Seat Class	
	予約クラス* Booking Class		座席番号* Seat Number	
	出発空港(IATAコード)* Depature Airport(IATACode)		到着空港(IATAコード)* Arrival Airport(IATACode)	
マイル数	(MA)区間基本マイレージ* Basic Sector Mileage		(MB)予約クラス・運賃種別 マイル積算率 Seat Number	
	(MC) フライトボーナス マイル積算率 Flight Bonus Mile Accrual Rates		今回搭乗の獲得マイル= (MA)×(MB)+(MA)×(MB)×(MC) Total Milege byThis Flight	
プレミアムポイント	(MA)区間基本マイレージ* Basic Sector Mileage		(MB)予約クラス・運賃種別 マイル積算率 Mileage Accrual Rates	
	(PC)路線倍率 Route Ratio		(PD)搭乗ポイント Bording Points	
	今回搭乗の獲得プレミアムポイント= (MA)×(MB)+(MA)×(MB)×(MC) Total Premiumpoints byThis Flight		年度内プレミアムポイント数累計 Earned Premium Points in a year	

基本情報	お客様番号 AMC Member Number		搭乗回数(同一年度内) Annual Fligt Milelage Reg Number	
	搭乗日* Flight Date	/ /	航空会社 Airline	
	便名* Flight Number		搭乗クラス Seat Class	
	予約クラス* Booking Class		座席番号* Seat Number	
	出発空港(IATAコード)* Depature Airport(IATACode)		到着空港(IATAコード)* Arrival Airport(IATACode)	
マイル数	(MA)区間基本マイレージ* Basic Sector Mileage		(MB)予約クラス・運賃種別マイル積算率 Seat Number	
	(MC) フライトボーナスマイル積算率 Flight Bonus Mile Accrual Rates		今回搭乗の獲得マイル=(MA)×(MB)+(MA)×(MB)×(MC) Total Milege byThis Flight	
プレミアムポイント	(MA)区間基本マイレージ* Basic Sector Mileage		(MB)予約クラス・運賃種別マイル積算率 Mileage Accrual Rates	
	(PC)路線倍率 Route Ratio		(PD)搭乗ポイント Bording Points	
	今回搭乗の獲得プレミアムポイント=(MA)×(MB)+(MA)×(MB)×(MC) Total Premiumpoints byThis Flight		年度内プレミアムポイント数累計 Earned Premium Points in a year	

基本情報	お客様番号 AMC Member Number		搭乗回数(同一年度内) Annual Fligt Milelage Reg Number	
	搭乗日* Flight Date	/ /	航空会社 Airline	
	便名* Flight Number		搭乗クラス Seat Class	
	予約クラス* Booking Class		座席番号* Seat Number	
	出発空港(IATAコード)* Depature Airport(IATACode)		到着空港(IATAコード)* Arrival Airport(IATACode)	
マイル数	(MA)区間基本マイレージ* Basic Sector Mileage		(MB)予約クラス・運賃種別マイル積算率 Seat Number	
	(MC) フライトボーナスマイル積算率 Flight Bonus Mile Accrual Rates		今回搭乗の獲得マイル=(MA)×(MB)+(MA)×(MB)×(MC) Total Milege byThis Flight	
プレミアムポイント	(MA)区間基本マイレージ* Basic Sector Mileage		(MB)予約クラス・運賃種別マイル積算率 Mileage Accrual Rates	
	(PC)路線倍率 Route Ratio		(PD)搭乗ポイント Bording Points	
	今回搭乗の獲得プレミアムポイント=(MA)×(MB)+(MA)×(MB)×(MC) Total Premiumpoints byThis Flight		年度内プレミアムポイント数累計 Earned Premium Points in a year	

MILAGE LOG

基本情報	お客様番号 AMC Member Number		搭乗回数(同一年度内) Annual Fligt Milelage Reg Number	
	搭乗日* Flight Date	/ /	航空会社 Airline	
	便名* Flight Number		搭乗クラス Seat Class	
	予約クラス*／運賃種別 Booking Class		座席番号* Seat Number	
	出発空港(IATAコード)* Depature Airport(IATACode)		到着空港(IATAコード)* Arrival Airport(IATACode)	
マイル数	(MA)区間基本マイレージ* Basic Sector Mileage		(MB)予約クラス・運賃種別 マイル積算率 Seat Number	
	(MC) フライトボーナス マイル積算率 Flight Bonus Mile Accrual Rates		今回搭乗の獲得マイル= (MA)×(MB)+(MA)×(MB)×(MC) Total Milege byThis Flight	
プレミアムポイント	(MA)区間基本マイレージ* Basic Sector Mileage		(MB)予約クラス・運賃種別 マイル積算率 Mileage Accrual Rates	
	(PC)路線倍率 Route Ratio		(PD)搭乗ポイント Bording Points	
	今回搭乗の獲得プレミアムポイント= (MA)×(MB)+(MA)×(MB)×(MC) Total Premiumpoints byThis Flight		年度内プレミアムポイント数累計 Earned Premium Points in a year	

基本情報	お客様番号 AMC Member Number		搭乗回数(同一年度内) Annual Fligt Milelage Reg Number	
	搭乗日* Flight Date	/ /	航空会社 Airline	
	便名* Flight Number		搭乗クラス Seat Class	
	予約クラス* Booking Class		座席番号* Seat Number	
	出発空港(IATAコード)* Depature Airport(IATACode)		到着空港(IATAコード)* Arrival Airport(IATACode)	
マイル数	(MA)区間基本マイレージ* Basic Sector Mileage		(MB)予約クラス・運賃種別 マイル積算率 Seat Number	
	(MC) フライトボーナス マイル積算率 Flight Bonus Mile Accrual Rates		今回搭乗の獲得マイル= (MA)×(MB)+(MA)×(MB)×(MC) Total Milege byThis Flight	
プレミアムポイント	(MA)区間基本マイレージ* Basic Sector Mileage		(MB)予約クラス・運賃種別 マイル積算率 Mileage Accrual Rates	
	(PC)路線倍率 Route Ratio		(PD)搭乗ポイント Bording Points	
	今回搭乗の獲得プレミアムポイント= (MA)×(MB)+(MA)×(MB)×(MC) Total Premiumpoints byThis Flight		年度内プレミアムポイント数累計 Earned Premium Points in a year	

基本情報	お客様番号 AMC Member Number		搭乗回数(同一年度内) Annual Fligt Milelage Reg Number	
	搭乗日* Flight Date	/ /	航空会社 Airline	
	便名* Flight Number		搭乗クラス Seat Class	
	予約クラス* Booking Class		座席番号* Seat Number	
	出発空港(IATAコード)* Depature Airport(IATACode)		到着空港(IATAコード)* Arrival Airport(IATACode)	
マイル数	(MA)区間基本マイレージ* Basic Sector Mileage		(MB)予約クラス・運賃種別 マイル積算率 Seat Number	
	(MC) フライトボーナス マイル積算率 Flight Bonus Mile Accrual Rates		今回搭乗の獲得マイル= (MA)×(MB)+(MA)×(MB)×(MC) Total Milege byThis Flight	
プレミアムポイント	(MA)区間基本マイレージ* Basic Sector Mileage		(MB)予約クラス・運賃種別 マイル積算率 Mileage Accrual Rates	
	(PC)路線倍率 Route Ratio		(PD)搭乗ポイント Bording Points	
	今回搭乗の獲得プレミアムポイント= (MA)×(MB)+(MA)×(MB)×(MC) Total Premiumpoints byThis Flight		年度内プレミアムポイント数累計 Earned Premium Points in a year	

基本情報	お客様番号 AMC Member Number		搭乗回数(同一年度内) Annual Fligt Milelage Reg Number	
	搭乗日* Flight Date	/ /	航空会社 Airline	
	便名* Flight Number		搭乗クラス Seat Class	
	予約クラス* Booking Class		座席番号* Seat Number	
	出発空港(IATAコード)* Depature Airport(IATACode)		到着空港(IATAコード)* Arrival Airport(IATACode)	
マイル数	(MA)区間基本マイレージ* Basic Sector Mileage		(MB)予約クラス・運賃種別 マイル積算率 Seat Number	
	(MC) フライトボーナス マイル積算率 Flight Bonus Mile Accrual Rates		今回搭乗の獲得マイル= (MA)×(MB)+(MA)×(MB)×(MC) Total Milege byThis Flight	
プレミアムポイント	(MA)区間基本マイレージ* Basic Sector Mileage		(MB)予約クラス・運賃種別 マイル積算率 Mileage Accrual Rates	
	(PC)路線倍率 Route Ratio		(PD)搭乗ポイント Bording Points	
	今回搭乗の獲得プレミアムポイント= (MA)×(MB)+(MA)×(MB)×(MC) Total Premiumpoints byThis Flight		年度内プレミアムポイント数累計 Earned Premium Points in a year	

MILAGE LOG

基本情報	お客様番号 AMC Member Number		搭乗回数(同一年度内) Annual Fligt Milelage Reg Number	
	搭乗日* Flight Date	/ /	航空会社 Airline	
	便名* Flight Number		搭乗クラス Seat Class	
	予約クラス*／運賃種別 Booking Class		座席番号* Seat Number	
	出発空港(IATAコード)* Depature Airport(IATACode)		到着空港(IATAコード)* Arrival Airport(IATACode)	
マイル数	(MA)区間基本マイレージ* Basic Sector Mileage		(MB)予約クラス・運賃種別 マイル積算率 Seat Number	
	(MC) フライトボーナス マイル積算率 Flight Bonus Mile Accrual Rates		今回搭乗の獲得マイル= (MA)×(MB)+(MA)×(MB)×(MC) Total Milege byThis Flight	
プレミアムポイント	(MA)区間基本マイレージ* Basic Sector Mileage		(MB)予約クラス・運賃種別 マイル積算率 Mileage Accrual Rates	
	(PC)路線倍率 Route Ratio		(PD)搭乗ポイント Bording Points	
	今回搭乗の獲得プレミアムポイント= (MA)×(MB)+(MA)×(MB)×(MC) Total Premiumpoints byThis Flight		年度内プレミアムポイント数累計 Earned Premium Points in a year	

基本情報	お客様番号 AMC Member Number		搭乗回数(同一年度内) Annual Fligt Milelage Reg Number	
	搭乗日* Flight Date	/ /	航空会社 Airline	
	便名* Flight Number		搭乗クラス Seat Class	
	予約クラス* Booking Class		座席番号* Seat Number	
	出発空港(IATAコード)* Depature Airport(IATACode)		到着空港(IATAコード)* Arrival Airport(IATACode)	
マイル数	(MA)区間基本マイレージ* Basic Sector Mileage		(MB)予約クラス・運賃種別 マイル積算率 Seat Number	
	(MC) フライトボーナス マイル積算率 Flight Bonus Mile Accrual Rates		今回搭乗の獲得マイル= (MA)×(MB)+(MA)×(MB)×(MC) Total Milege byThis Flight	
プレミアムポイント	(MA)区間基本マイレージ* Basic Sector Mileage		(MB)予約クラス・運賃種別 マイル積算率 Mileage Accrual Rates	
	(PC)路線倍率 Route Ratio		(PD)搭乗ポイント Bording Points	
	今回搭乗の獲得プレミアムポイント= (MA)×(MB)+(MA)×(MB)×(MC) Total Premiumpoints byThis Flight		年度内プレミアムポイント数累計 Earned Premium Points in a year	

基本情報	お客様番号 AMC Member Number		搭乗回数(同一年度内) Annual Fligt Milelage Reg Number	
	搭乗日* Flight Date	/ /	航空会社 Airline	
	便名* Flight Number		搭乗クラス Seat Class	
	予約クラス* Booking Class		座席番号* Seat Number	
	出発空港(IATAコード)* Depature Airport(IATACode)		到着空港(IATAコード)* Arrival Airport(IATACode)	
マイル数	(MA)区間基本マイレージ* Basic Sector Mileage		(MB)予約クラス・運賃種別マイル積算率 Seat Number	
	(MC) フライトボーナスマイル積算率 Flight Bonus Mile Accrual Rates		今回搭乗の獲得マイル=(MA)×(MB)+(MA)×(MB)×(MC) Total Milege byThis Flight	
プレミアムポイント	(MA)区間基本マイレージ* Basic Sector Mileage		(MB)予約クラス・運賃種別マイル積算率 Mileage Accrual Rates	
	(PC)路線倍率 Route Ratio		(PD)搭乗ポイント Bording Points	
	今回搭乗の獲得プレミアムポイント=(MA)×(MB)+(MA)×(MB)×(MC) Total Premiumpoints byThis Flight		年度内プレミアムポイント数累計 Earned Premium Points in a year	

基本情報	お客様番号 AMC Member Number		搭乗回数(同一年度内) Annual Fligt Milelage Reg Number	
	搭乗日* Flight Date	/ /	航空会社 Airline	
	便名* Flight Number		搭乗クラス Seat Class	
	予約クラス* Booking Class		座席番号* Seat Number	
	出発空港(IATAコード)* Depature Airport(IATACode)		到着空港(IATAコード)* Arrival Airport(IATACode)	
マイル数	(MA)区間基本マイレージ* Basic Sector Mileage		(MB)予約クラス・運賃種別マイル積算率 Seat Number	
	(MC) フライトボーナスマイル積算率 Flight Bonus Mile Accrual Rates		今回搭乗の獲得マイル=(MA)×(MB)+(MA)×(MB)×(MC) Total Milege byThis Flight	
プレミアムポイント	(MA)区間基本マイレージ* Basic Sector Mileage		(MB)予約クラス・運賃種別マイル積算率 Mileage Accrual Rates	
	(PC)路線倍率 Route Ratio		(PD)搭乗ポイント Bording Points	
	今回搭乗の獲得プレミアムポイント=(MA)×(MB)+(MA)×(MB)×(MC) Total Premiumpoints byThis Flight		年度内プレミアムポイント数累計 Earned Premium Points in a year	

MILAGE LOG

基本情報	お客様番号 AMC Member Number		搭乗回数(同一年度内) Annual Fligt Milelage Reg Number	
	搭乗日* Flight Date	/ /	航空会社 Airline	
	便名* Flight Number		搭乗クラス Seat Class	
	予約クラス*／運賃種別 Booking Class		座席番号* Seat Number	
	出発空港(IATAコード)* Depature Airport(IATACode)		到着空港(IATAコード)* Arrival Airport(IATACode)	
マイル数	(MA)区間基本マイレージ* Basic Sector Mileage		(MB)予約クラス・運賃種別 マイル積算率 Seat Number	
	(MC) フライトボーナス マイル積算率 Flight Bonus Mile Accrual Rates		今回搭乗の獲得マイル= (MA)×(MB)+(MA)×(MB)×(MC) Total Milege byThis Flight	
プレミアムポイント	(MA)区間基本マイレージ* Basic Sector Mileage		(MB)予約クラス・運賃種別 マイル積算率 Mileage Accrual Rates	
	(PC)路線倍率 Route Ratio		(PD)搭乗ポイント Bording Points	
	今回搭乗の獲得プレミアムポイント= (MA)×(MB)+(MA)×(MB)×(MC) Total Premiumpoints byThis Flight		年度内プレミアムポイント数累計 Earned Premium Points in a year	

基本情報	お客様番号 AMC Member Number		搭乗回数(同一年度内) Annual Fligt Milelage Reg Number	
	搭乗日* Flight Date	/ /	航空会社 Airline	
	便名* Flight Number		搭乗クラス Seat Class	
	予約クラス* Booking Class		座席番号* Seat Number	
	出発空港(IATAコード)* Depature Airport(IATACode)		到着空港(IATAコード)* Arrival Airport(IATACode)	
マイル数	(MA)区間基本マイレージ* Basic Sector Mileage		(MB)予約クラス・運賃種別 マイル積算率 Seat Number	
	(MC) フライトボーナス マイル積算率 Flight Bonus Mile Accrual Rates		今回搭乗の獲得マイル= (MA)×(MB)+(MA)×(MB)×(MC) Total Milege byThis Flight	
プレミアムポイント	(MA)区間基本マイレージ* Basic Sector Mileage		(MB)予約クラス・運賃種別 マイル積算率 Mileage Accrual Rates	
	(PC)路線倍率 Route Ratio		(PD)搭乗ポイント Bording Points	
	今回搭乗の獲得プレミアムポイント= (MA)×(MB)+(MA)×(MB)×(MC) Total Premiumpoints byThis Flight		年度内プレミアムポイント数累計 Earned Premium Points in a year	

基本情報	お客様番号 AMC Member Number		搭乗回数(同一年度内) Annual Fligt Milelage Reg Number	
	搭乗日* Flight Date	/ /	航空会社 Airline	
	便名* Flight Number		搭乗クラス Seat Class	
	予約クラス* Booking Class		座席番号* Seat Number	
	出発空港(IATAコード)* Depature Airport(IATACode)		到着空港(IATAコード)* Arrival Airport(IATACode)	
マイル数	(MA)区間基本マイレージ* Basic Sector Mileage		(MB)予約クラス・運賃種別マイル積算率 Seat Number	
	(MC) フライトボーナスマイル積算率 Flight Bonus Mile Accrual Rates		今回搭乗の獲得マイル=(MA)×(MB)+(MA)×(MB)×(MC) Total Milege byThis Flight	
プレミアムポイント	(MA)区間基本マイレージ* Basic Sector Mileage		(MB)予約クラス・運賃種別マイル積算率 Mileage Accrual Rates	
	(PC)路線倍率 Route Ratio		(PD)搭乗ポイント Bording Points	
	今回搭乗の獲得プレミアムポイント=(MA)×(MB)+(MA)×(MB)×(MC) Total Premiumpoints byThis Flight		年度内プレミアムポイント数累計 Earned Premium Points in a year	

基本情報	お客様番号 AMC Member Number		搭乗回数(同一年度内) Annual Fligt Milelage Reg Number	
	搭乗日* Flight Date	/ /	航空会社 Airline	
	便名* Flight Number		搭乗クラス Seat Class	
	予約クラス* Booking Class		座席番号* Seat Number	
	出発空港(IATAコード)* Depature Airport(IATACode)		到着空港(IATAコード)* Arrival Airport(IATACode)	
マイル数	(MA)区間基本マイレージ* Basic Sector Mileage		(MB)予約クラス・運賃種別マイル積算率 Seat Number	
	(MC) フライトボーナスマイル積算率 Flight Bonus Mile Accrual Rates		今回搭乗の獲得マイル=(MA)×(MB)+(MA)×(MB)×(MC) Total Milege byThis Flight	
プレミアムポイント	(MA)区間基本マイレージ* Basic Sector Mileage		(MB)予約クラス・運賃種別マイル積算率 Mileage Accrual Rates	
	(PC)路線倍率 Route Ratio		(PD)搭乗ポイント Bording Points	
	今回搭乗の獲得プレミアムポイント=(MA)×(MB)+(MA)×(MB)×(MC) Total Premiumpoints byThis Flight		年度内プレミアムポイント数累計 Earned Premium Points in a year	

MILAGE LOG

基本情報	お客様番号 AMC Member Number		搭乗回数(同一年度内) Annual Fligt Milelage Reg Number	
	搭乗日* Flight Date	/ /	航空会社 Airline	
	便名* Flight Number		搭乗クラス Seat Class	
	予約クラス*／運賃種別 Booking Class		座席番号* Seat Number	
	出発空港(IATAコード)* Depature Airport(IATACode)		到着空港(IATAコード)* Arrival Airport(IATACode)	
マイル数	(MA)区間基本マイレージ* Basic Sector Mileage		(MB)予約クラス・運賃種別 マイル積算率 Seat Number	
	(MC) フライトボーナス マイル積算率 Flight Bonus Mile Accrual Rates		今回搭乗の獲得マイル= (MA)×(MB)+(MA)×(MB)×(MC) Total Milege byThis Flight	
プレミアムポイント	(MA)区間基本マイレージ* Basic Sector Mileage		(MB)予約クラス・運賃種別 マイル積算率 Mileage Accrual Rates	
	(PC)路線倍率 Route Ratio		(PD)搭乗ポイント Bording Points	
	今回搭乗の獲得プレミアムポイント= (MA)×(MB)+(MA)×(MB)×(MC) Total Premiumpoints byThis Flight		年度内プレミアムポイント数累計 Earned Premium Points in a year	

基本情報	お客様番号 AMC Member Number		搭乗回数(同一年度内) Annual Fligt Milelage Reg Number	
	搭乗日* Flight Date	/ /	航空会社 Airline	
	便名* Flight Number		搭乗クラス Seat Class	
	予約クラス* Booking Class		座席番号* Seat Number	
	出発空港(IATAコード)* Depature Airport(IATACode)		到着空港(IATAコード)* Arrival Airport(IATACode)	
マイル数	(MA)区間基本マイレージ* Basic Sector Mileage		(MB)予約クラス・運賃種別 マイル積算率 Seat Number	
	(MC) フライトボーナス マイル積算率 Flight Bonus Mile Accrual Rates		今回搭乗の獲得マイル= (MA)×(MB)+(MA)×(MB)×(MC) Total Milege byThis Flight	
プレミアムポイント	(MA)区間基本マイレージ* Basic Sector Mileage		(MB)予約クラス・運賃種別 マイル積算率 Mileage Accrual Rates	
	(PC)路線倍率 Route Ratio		(PD)搭乗ポイント Bording Points	
	今回搭乗の獲得プレミアムポイント= (MA)×(MB)+(MA)×(MB)×(MC) Total Premiumpoints byThis Flight		年度内プレミアムポイント数累計 Earned Premium Points in a year	

基本情報	お客様番号 AMC Member Number		搭乗回数(同一年度内) Annual Fligt Mileage Reg Number	
	搭乗日* Flight Date	/ /	航空会社 Airline	
	便名* Flight Number		搭乗クラス Seat Class	
	予約クラス* Booking Class		座席番号* Seat Number	
	出発空港(IATAコード)* Depature Airport(IATACode)		到着空港(IATAコード)* Arrival Airport(IATACode)	
マイル数	(MA)区間基本マイレージ* Basic Sector Mileage		(MB)予約クラス・運賃種別 マイル積算率 Seat Number	
	(MC) フライトボーナス マイル積算率 Flight Bonus Mile Accrual Rates		今回搭乗の獲得マイル= (MA)×(MB)+(MA)×(MB)×(MC) Total Milege byThis Flight	
プレミアムポイント	(MA)区間基本マイレージ* Basic Sector Mileage		(MB)予約クラス・運賃種別 マイル積算率 Mileage Accrual Rates	
	(PC)路線倍率 Route Ratio		(PD)搭乗ポイント Bording Points	
	今回搭乗の獲得プレミアムポイント= (MA)×(MB)+(MA)×(MB)×(MC) Total Premiumpoints byThis Flight		年度内プレミアムポイント数累計 Earned Premium Points in a year	

基本情報	お客様番号 AMC Member Number		搭乗回数(同一年度内) Annual Fligt Mileage Reg Number	
	搭乗日* Flight Date	/ /	航空会社 Airline	
	便名* Flight Number		搭乗クラス Seat Class	
	予約クラス* Booking Class		座席番号* Seat Number	
	出発空港(IATAコード)* Depature Airport(IATACode)		到着空港(IATAコード)* Arrival Airport(IATACode)	
マイル数	(MA)区間基本マイレージ* Basic Sector Mileage		(MB)予約クラス・運賃種別 マイル積算率 Seat Number	
	(MC) フライトボーナス マイル積算率 Flight Bonus Mile Accrual Rates		今回搭乗の獲得マイル= (MA)×(MB)+(MA)×(MB)×(MC) Total Milege byThis Flight	
プレミアムポイント	(MA)区間基本マイレージ* Basic Sector Mileage		(MB)予約クラス・運賃種別 マイル積算率 Mileage Accrual Rates	
	(PC)路線倍率 Route Ratio		(PD)搭乗ポイント Bording Points	
	今回搭乗の獲得プレミアムポイント= (MA)×(MB)+(MA)×(MB)×(MC) Total Premiumpoints byThis Flight		年度内プレミアムポイント数累計 Earned Premium Points in a year	

MILAGE LOG

基本情報	お客様番号 AMC Member Number		搭乗回数(同一年度内) Annual Fligt Milelage Reg Number	
	搭乗日* Flight Date	/ /	航空会社 Airline	
	便名* Flight Number		搭乗クラス Seat Class	
	予約クラス*／運賃種別 Booking Class		座席番号* Seat Number	
	出発空港(IATAコード)* Depature Airport(IATACode)		到着空港(IATAコード)* Arrival Airport(IATACode)	
マイル数	(MA)区間基本マイレージ* Basic Sector Mileage		(MB)予約クラス・運賃種別 マイル積算率 Seat Number	
	(MC) フライトボーナス マイル積算率 Flight Bonus Mile Accrual Rates		今回搭乗の獲得マイル= (MA)×(MB)+(MA)×(MB)×(MC) Total Milege byThis Flight	
プレミアムポイント	(MA)区間基本マイレージ* Basic Sector Mileage		(MB)予約クラス・運賃種別 マイル積算率 Mileage Accrual Rates	
	(PC)路線倍率 Route Ratio		(PD)搭乗ポイント Bording Points	
	今回搭乗の獲得プレミアムポイント= (MA)×(MB)+(MA)×(MB)×(MC) Total Premiumpoints byThis Flight		年度内プレミアムポイント数累計 Earned Premium Points in a year	

基本情報	お客様番号 AMC Member Number		搭乗回数(同一年度内) Annual Fligt Milelage Reg Number	
	搭乗日* Flight Date	/ /	航空会社 Airline	
	便名* Flight Number		搭乗クラス Seat Class	
	予約クラス* Booking Class		座席番号* Seat Number	
	出発空港(IATAコード)* Depature Airport(IATACode)		到着空港(IATAコード)* Arrival Airport(IATACode)	
マイル数	(MA)区間基本マイレージ* Basic Sector Mileage		(MB)予約クラス・運賃種別 マイル積算率 Seat Number	
	(MC) フライトボーナス マイル積算率 Flight Bonus Mile Accrual Rates		今回搭乗の獲得マイル= (MA)×(MB)+(MA)×(MB)×(MC) Total Milege byThis Flight	
プレミアムポイント	(MA)区間基本マイレージ* Basic Sector Mileage		(MB)予約クラス・運賃種別 マイル積算率 Mileage Accrual Rates	
	(PC)路線倍率 Route Ratio		(PD)搭乗ポイント Bording Points	
	今回搭乗の獲得プレミアムポイント= (MA)×(MB)+(MA)×(MB)×(MC) Total Premiumpoints byThis Flight		年度内プレミアムポイント数累計 Earned Premium Points in a year	

基本情報	お客様番号 AMC Member Number		搭乗回数(同一年度内) Annual Fligt Milelage Reg Number	
	搭乗日* Flight Date	/ /	航空会社 Airline	
	便名* Flight Number		搭乗クラス Seat Class	
	予約クラス* Booking Class		座席番号* Seat Number	
	出発空港(IATAコード)* Depature Airport(IATACode)		到着空港(IATAコード)* Arrival Airport(IATACode)	
マイル数	(MA)区間基本マイレージ* Basic Sector Mileage		(MB)予約クラス・運賃種別 マイル積算率 Seat Number	
	(MC) フライトボーナス マイル積算率 Flight Bonus Mile Accrual Rates		今回搭乗の獲得マイル= (MA)×(MB)+(MA)×(MB)×(MC) Total Milege byThis Flight	
プレミアムポイント	(MA)区間基本マイレージ* Basic Sector Mileage		(MB)予約クラス・運賃種別 マイル積算率 Mileage Accrual Rates	
	(PC)路線倍率 Route Ratio		(PD)搭乗ポイント Bording Points	
	今回搭乗の獲得プレミアムポイント= (MA)×(MB)+(MA)×(MB)×(MC) Total Premiumpoints byThis Flight		年度内プレミアムポイント数累計 Earned Premium Points in a year	

基本情報	お客様番号 AMC Member Number		搭乗回数(同一年度内) Annual Fligt Milelage Reg Number	
	搭乗日* Flight Date	/ /	航空会社 Airline	
	便名* Flight Number		搭乗クラス Seat Class	
	予約クラス* Booking Class		座席番号* Seat Number	
	出発空港(IATAコード)* Depature Airport(IATACode)		到着空港(IATAコード)* Arrival Airport(IATACode)	
マイル数	(MA)区間基本マイレージ* Basic Sector Mileage		(MB)予約クラス・運賃種別 マイル積算率 Seat Number	
	(MC) フライトボーナス マイル積算率 Flight Bonus Mile Accrual Rates		今回搭乗の獲得マイル= (MA)×(MB)+(MA)×(MB)×(MC) Total Milege byThis Flight	
プレミアムポイント	(MA)区間基本マイレージ* Basic Sector Mileage		(MB)予約クラス・運賃種別 マイル積算率 Mileage Accrual Rates	
	(PC)路線倍率 Route Ratio		(PD)搭乗ポイント Bording Points	
	今回搭乗の獲得プレミアムポイント= (MA)×(MB)+(MA)×(MB)×(MC) Total Premiumpoints byThis Flight		年度内プレミアムポイント数累計 Earned Premium Points in a year	

MILAGE LOG

基本情報	お客様番号 AMC Member Number		搭乗回数(同一年度内) Annual Fligt Milelage Reg Number	
	搭乗日* Flight Date	/ /	航空会社 Airline	
	便名* Flight Number		搭乗クラス Seat Class	
	予約クラス*／運賃種別 Booking Class		座席番号* Seat Number	
	出発空港(IATAコード)* Depature Airport(IATACode)		到着空港(IATAコード)* Arrival Airport(IATACode)	
マイル数	(MA)区間基本マイレージ* Basic Sector Mileage		(MB)予約クラス・運賃種別 マイル積算率 Seat Number	
	(MC) フライトボーナス マイル積算率 Flight Bonus Mile Accrual Rates		今回搭乗の獲得マイル= (MA)×(MB)+(MA)×(MB)×(MC) Total Milege byThis Flight	
プレミアムポイント	(MA)区間基本マイレージ* Basic Sector Mileage		(MB)予約クラス・運賃種別 マイル積算率 Mileage Accrual Rates	
	(PC)路線倍率 Route Ratio		(PD)搭乗ポイント Bording Points	
	今回搭乗の獲得プレミアムポイント= (MA)×(MB)+(MA)×(MB)×(MC) Total Premiumpoints byThis Flight		年度内プレミアムポイント数累計 Earned Premium Points in a year	

基本情報	お客様番号 AMC Member Number		搭乗回数(同一年度内) Annual Fligt Milelage Reg Number	
	搭乗日* Flight Date	/ /	航空会社 Airline	
	便名* Flight Number		搭乗クラス Seat Class	
	予約クラス* Booking Class		座席番号* Seat Number	
	出発空港(IATAコード)* Depature Airport(IATACode)		到着空港(IATAコード)* Arrival Airport(IATACode)	
マイル数	(MA)区間基本マイレージ* Basic Sector Mileage		(MB)予約クラス・運賃種別 マイル積算率 Seat Number	
	(MC) フライトボーナス マイル積算率 Flight Bonus Mile Accrual Rates		今回搭乗の獲得マイル= (MA)×(MB)+(MA)×(MB)×(MC) Total Milege byThis Flight	
プレミアムポイント	(MA)区間基本マイレージ* Basic Sector Mileage		(MB)予約クラス・運賃種別 マイル積算率 Mileage Accrual Rates	
	(PC)路線倍率 Route Ratio		(PD)搭乗ポイント Bording Points	
	今回搭乗の獲得プレミアムポイントー (MA)×(MB)+(MA)×(MB)×(MC) Total Premiumpoints byThis Flight		年度内プレミアムポイント数累計 Earned Premium Points in a year	

基本情報	お客様番号 AMC Member Number		搭乗回数（同一年度内） Annual Fligt Milelage Reg Number	
	搭乗日* Flight Date	/　　/	航空会社 Airline	
	便名* Flight Number		搭乗クラス Seat Class	
	予約クラス* Booking　Class		座席番号* Seat Number	
	出発空港（IATAコード）* Depature Airport（IATACode）		到着空港（IATAコード）* Arrival Airport（IATACode）	
マイル数	（MA）区間基本マイレージ* Basic Sector Mileage		（MB）予約クラス・運賃種別マイル積算率 Seat Number	
	（MC）フライトボーナスマイル積算率 Flight Bonus Mile Accrual Rates		今回搭乗の獲得マイル=（MA）×（MB）+（MA）×（MB）×（MC） Total Milege byThis Flight	
プレミアムポイント	（MA）区間基本マイレージ* Basic Sector Mileage		（MB）予約クラス・運賃種別マイル積算率 Mileage Accrual Rates	
	（PC）路線倍率 Route Ratio		（PD）搭乗ポイント Bording Points	
	今回搭乗の獲得プレミアムポイント=（MA）×（MB）+（MA）×（MB）×（MC） Total Premiumpoints byThis Flight		年度内プレミアムポイント数累計 Earned Premium Points in a year	

基本情報	お客様番号 AMC Member Number		搭乗回数（同一年度内） Annual Fligt Milelage Reg Number	
	搭乗日* Flight Date	/　　/	航空会社 Airline	
	便名* Flight Number		搭乗クラス Seat Class	
	予約クラス* Booking　Class		座席番号* Seat Number	
	出発空港（IATAコード）* Depature Airport（IATACode）		到着空港（IATAコード）* Arrival Airport（IATACode）	
マイル数	（MA）区間基本マイレージ* Basic Sector Mileage		（MB）予約クラス・運賃種別マイル積算率 Seat Number	
	（MC）フライトボーナスマイル積算率 Flight Bonus Mile Accrual Rates		今回搭乗の獲得マイル=（MA）×（MB）+（MA）×（MB）×（MC） Total Milege byThis Flight	
プレミアムポイント	（MA）区間基本マイレージ* Basic Sector Mileage		（MB）予約クラス・運賃種別マイル積算率 Mileage Accrual Rates	
	（PC）路線倍率 Route Ratio		（PD）搭乗ポイント Bording Points	
	今回搭乗の獲得プレミアムポイント=（MA）×（MB）+（MA）×（MB）×（MC） Total Premiumpoints byThis Flight		年度内プレミアムポイント数累計 Earned Premium Points in a year	

MILAGE LOG

基本情報	お客様番号 AMC Member Number		搭乗回数(同一年度内) Annual Fligt Milelage Reg Number	
	搭乗日* Flight Date	/ /	航空会社 Airline	
	便名* Flight Number		搭乗クラス Seat Class	
	予約クラス*／運賃種別 Booking Class		座席番号* Seat Number	
	出発空港(IATAコード)* Depature Airport(IATACode)		到着空港(IATAコード)* Arrival Airport(IATACode)	
マイル数	(MA)区間基本マイレージ* Basic Sector Mileage		(MB)予約クラス・運賃種別 マイル積算率 Seat Number	
	(MC) フライトボーナス マイル積算率 Flight Bonus Mile Accrual Rates		今回搭乗の獲得マイル= (MA)×(MB)+(MA)×(MB)×(MC) Total Milege byThis Flight	
プレミアムポイント	(MA)区間基本マイレージ* Basic Sector Mileage		(MB)予約クラス・運賃種別 マイル積算率 Mileage Accrual Rates	
	(PC)路線倍率 Route Ratio		(PD)搭乗ポイント Bording Points	
	今回搭乗の獲得プレミアムポイント= (MA)×(MB)+(MA)×(MB)×(MC) Total Premiumpoints byThis Flight		年度内プレミアムポイント数累計 Earned Premium Points in a year	

基本情報	お客様番号 AMC Member Number		搭乗回数(同一年度内) Annual Fligt Milelage Reg Number	
	搭乗日* Flight Date	/ /	航空会社 Airline	
	便名* Flight Number		搭乗クラス Seat Class	
	予約クラス* Booking Class		座席番号* Seat Number	
	出発空港(IATAコード)* Depature Airport(IATACode)		到着空港(IATAコード)* Arrival Airport(IATACode)	
マイル数	(MA)区間基本マイレージ* Basic Sector Mileage		(MB)予約クラス・運賃種別 マイル積算率 Seat Number	
	(MC) フライトボーナス マイル積算率 Flight Bonus Mile Accrual Rates		今回搭乗の獲得マイル= (MA)×(MB)+(MA)×(MB)×(MC) Total Milege byThis Flight	
プレミアムポイント	(MA)区間基本マイレージ* Basic Sector Mileage		(MB)予約クラス・運賃種別 マイル積算率 Mileage Accrual Rates	
	(PC)路線倍率 Route Ratio		(PD)搭乗ポイント Bording Points	
	今回搭乗の獲得プレミアムポイント= (MA)×(MB)+(MA)×(MB)×(MC) Total Premiumpoints byThis Flight		年度内プレミアムポイント数累計 Earned Premium Points in a year	

基本情報	お客様番号 AMC Member Number		搭乗回数(同一年度内) Annual Fligt Milelage Reg Number	
	搭乗日* Flight Date	/ /	航空会社 Airline	
	便名* Flight Number		搭乗クラス Seat Class	
	予約クラス* Booking Class		座席番号* Seat Number	
	出発空港(IATAコード)* Depature Airport(IATACode)		到着空港(IATAコード)* Arrival Airport(IATACode)	
マイル数	(MA)区間基本マイレージ* Basic Sector Mileage		(MB)予約クラス・運賃種別 マイル積算率 Seat Number	
	(MC) フライトボーナス マイル積算率 Flight Bonus Mile Accrual Rates		今回搭乗の獲得マイル= (MA)×(MB)+(MA)×(MB)×(MC) Total Milege byThis Flight	
プレミアムポイント	(MA)区間基本マイレージ* Basic Sector Mileage		(MB)予約クラス・運賃種別 マイル積算率 Mileage Accrual Rates	
	(PC)路線倍率 Route Ratio		(PD)搭乗ポイント Bording Points	
	今回搭乗の獲得プレミアムポイント= (MA)×(MB)+(MA)×(MB)×(MC) Total Premiumpoints byThis Flight		年度内プレミアムポイント数累計 Earned Premium Points in a year	

基本情報	お客様番号 AMC Member Number		搭乗回数(同一年度内) Annual Fligt Milelage Reg Number	
	搭乗日* Flight Date	/ /	航空会社 Airline	
	便名* Flight Number		搭乗クラス Seat Class	
	予約クラス* Booking Class		座席番号* Seat Number	
	出発空港(IATAコード)* Depature Airport(IATACode)		到着空港(IATAコード)* Arrival Airport(IATACode)	
マイル数	(MA)区間基本マイレージ* Basic Sector Mileage		(MB)予約クラス・運賃種別 マイル積算率 Seat Number	
	(MC) フライトボーナス マイル積算率 Flight Bonus Mile Accrual Rates		今回搭乗の獲得マイル= (MA)×(MB)+(MA)×(MB)×(MC) Total Milege byThis Flight	
プレミアムポイント	(MA)区間基本マイレージ* Basic Sector Mileage		(MB)予約クラス・運賃種別 マイル積算率 Mileage Accrual Rates	
	(PC)路線倍率 Route Ratio		(PD)搭乗ポイント Bording Points	
	今回搭乗の獲得プレミアムポイント= (MA)×(MB)+(MA)×(MB)×(MC) Total Premiumpoints byThis Flight		年度内プレミアムポイント数累計 Earned Premium Points in a year	

MILAGE LOG

基本情報	お客様番号 AMC Member Number		搭乗回数(同一年度内) Annual Fligt Milelage Reg Number	
	搭乗日* Flight Date	/ /	航空会社 Airline	
	便名* Flight Number		搭乗クラス Seat Class	
	予約クラス*／運賃種別 Booking Class		座席番号* Seat Number	
	出発空港(IATAコード)* Depature Airport(IATACode)		到着空港(IATAコード)* Arrival Airport(IATACode)	
マイル数	(MA)区間基本マイレージ* Basic Sector Mileage		(MB)予約クラス・運賃種別マイル積算率 Seat Number	
	(MC) フライトボーナスマイル積算率 Flight Bonus Mile Accrual Rates		今回搭乗の獲得マイル=(MA)×(MB)+(MA)×(MB)×(MC) Total Milege byThis Flight	
プレミアムポイント	(MA)区間基本マイレージ* Basic Sector Mileage		(MB)予約クラス・運賃種別マイル積算率 Mileage Accrual Rates	
	(PC)路線倍率 Route Ratio		(PD)搭乗ポイント Bording Points	
	今回搭乗の獲得プレミアムポイント=(MA)×(MB)+(MA)×(MB)×(MC) Total Premiumpoints byThis Flight		年度内プレミアムポイント数累計 Earned Premium Points in a year	

基本情報	お客様番号 AMC Member Number		搭乗回数(同一年度内) Annual Fligt Milelage Reg Number	
	搭乗日* Flight Date	/ /	航空会社 Airline	
	便名* Flight Number		搭乗クラス Seat Class	
	予約クラス* Booking Class		座席番号* Seat Number	
	出発空港(IATAコード)* Depature Airport(IATACode)		到着空港(IATAコード)* Arrival Airport(IATACode)	
マイル数	(MA)区間基本マイレージ* Basic Sector Mileage		(MB)予約クラス・運賃種別マイル積算率 Seat Number	
	(MC) フライトボーナスマイル積算率 Flight Bonus Mile Accrual Rates		今回搭乗の獲得マイル=(MA)×(MB)+(MA)×(MB)×(MC) Total Milege byThis Flight	
プレミアムポイント	(MA)区間基本マイレージ* Basic Sector Mileage		(MB)予約クラス・運賃種別マイル積算率 Mileage Accrual Rates	
	(PC)路線倍率 Route Ratio		(PD)搭乗ポイント Bording Points	
	今回搭乗の獲得プレミアムポイント=(MA)×(MB)+(MA)×(MB)×(MC) Total Premiumpoints byThis Flight		年度内プレミアムポイント数累計 Earned Premium Points in a year	

基本情報	お客様番号 AMC Member Number		搭乗回数(同一年度内) Annual Fligt Milelage Reg Number	
	搭乗日* Flight Date	/ /	航空会社 Airline	
	便名* Flight Number		搭乗クラス Seat Class	
	予約クラス* Booking Class		座席番号* Seat Number	
	出発空港(IATAコード)* Depature Airport(IATACode)		到着空港(IATAコード)* Arrival Airport(IATACode)	
マイル数	(MA)区間基本マイレージ* Basic Sector Mileage		(MB)予約クラス・運賃種別 マイル積算率 Seat Number	
	(MC) フライトボーナス マイル積算率 Flight Bonus Mile Accrual Rates		今回搭乗の獲得マイル= (MA)×(MB)+(MA)×(MB)×(MC) Total Milege byThis Flight	
プレミアムポイント	(MA)区間基本マイレージ* Basic Sector Mileage		(MB)予約クラス・運賃種別 マイル積算率 Mileage Accrual Rates	
	(PC)路線倍率 Route Ratio		(PD)搭乗ポイント Bording Points	
	今回搭乗の獲得プレミアムポイント= (MA)×(MB)+(MA)×(MB)×(MC) Total Premiumpoints byThis Flight		年度内プレミアムポイント数累計 Earned Premium Points in a year	

基本情報	お客様番号 AMC Member Number		搭乗回数(同一年度内) Annual Fligt Milelage Reg Number	
	搭乗日* Flight Date	/ /	航空会社 Airline	
	便名* Flight Number		搭乗クラス Seat Class	
	予約クラス* Booking Class		座席番号* Seat Number	
	出発空港(IATAコード)* Depature Airport(IATACode)		到着空港(IATAコード)* Arrival Airport(IATACode)	
マイル数	(MA)区間基本マイレージ* Basic Sector Mileage		(MB)予約クラス・運賃種別 マイル積算率 Seat Number	
	(MC) フライトボーナス マイル積算率 Flight Bonus Mile Accrual Rates		今回搭乗の獲得マイル= (MA)×(MB)+(MA)×(MB)×(MC) Total Milege byThis Flight	
プレミアムポイント	(MA)区間基本マイレージ* Basic Sector Mileage		(MB)予約クラス・運賃種別 マイル積算率 Mileage Accrual Rates	
	(PC)路線倍率 Route Ratio		(PD)搭乗ポイント Bording Points	
	今回搭乗の獲得プレミアムポイント= (MA)×(MB)+(MA)×(MB)×(MC) Total Premiumpoints byThis Flight		年度内プレミアムポイント数累計 Earned Premium Points in a year	

ANA国内線空港IATAコード一覧

都道府県	空港名	IATAコード
北海道	稚内	WKJ
	利尻	RIS
	旭川	AKJ
	オホーツク紋別	MBE
	女満別	MMB
	根室中標津	SHB
	釧路	KUH
	帯広	OBO
	新千歳	CTS
	函館	HKD
青森	青森	AOJ
宮城	仙台	SDJ
秋田	大館能代	ONJ
	秋田	AXT
山形	庄内	SYO
福島	福島	FKS
千葉	成田	NRT
東京	羽田(東京)	HND
	八丈島	HAC
新潟	新潟	KIJ
富山	富山	TOY
石川	能登	NTQ
	小松	KMQ
静岡	静岡	FSZ
愛知	中部(名古屋)	NGO
大阪	伊丹	ITM
	関西	KIX
兵庫	神戸	UKB
鳥取	鳥取	TTJ
	米子	YGJ
島根	萩・岩見	IWJ

都道府県	空港名	IATAコード
岡山	岡山	OKJ
広島	広島	HIJ
山口	岩国	IWK
	宇部山口	UBJ
徳島	徳島	TKS
香川	高松	TAK
愛媛	松山	MYJ
高知	高知	KCZ
福岡	北九州	KKJ
	福岡	FUK
佐賀	佐賀	HSG
長崎	対馬	TSJ
	壱岐	IKI
	福江	FUJ
	長崎	NGS
熊本	熊本	KMJ
	天草	AXJ
大分	大分	OIT
宮崎	宮崎	KMJ
鹿児島	鹿児島	KOJ
	徳之島	TKN
	沖永良部	OKE
	奄美	ASJ
	与論	RNJ
	喜界島	KKX
	屋久島	KUM
	種子島	TNE
沖縄	那覇(沖縄)	OKA
	宮古	MMY
	石垣	ISG

ANA国際線空港IATAコード一覧

国	空港名	IATAコード
アメリカ	シアトル	SEA
	サンフランシスコ	SFO
	サンノゼ	SJC
	ロサンゼルス	LAX
	ヒューストン	IAH
	シカゴ	ORD
	ニューヨーク(JFK)	JFK
	ニューヨーク(ニューアーク)	EWR
	ニューヨーク(ラガーディア)	LGA
	ワシントンDC	IAD
	ホノルル	HNL
カナダ	バンクーバー	YVR
メキシコ	メキシコシティー	MEX
イギリス	ロンドン(シティー)	LCY
	ロンドン(ヒースロー)	LHR
ドイツ	フランクフルト	FRA
	デュッセルドルフ	DUS
	ミュンヘン	MUC
フランス	パリ(シャルル・ドゴール)	CDG
ベルギー	ブリュッセル	BRU
オーストリア	ウィーン	VIE
トルコ	イスタンブール	IST
イタリア	ミラノ(マルペンサ)	MXP
スウェーデン	ストックホルム	ARN
ロシア	モスクワ(シェレメーチエヴォ)	SVO
	ウラジオストク	VVO
オーストラリア	シドニー	SYD
	パース	PER

国	空港名	IATAコード
中国	上海(虹橋)	SHA
	上海(浦東)	PVG
	北京	PEK
	香港	HKG
	広州	CAN
	大連	DLC
	青島	TAO
	厦門	XMN
	杭州	HGH
	瀋陽	SHE
	成都	CTU
	武漢	WUH
	深セン	SZX
シンガポール	シンガポール	SIN
インドネシア	ジャカルタ	CGK
タイ	バンコク	BKK
ベトナム	ホーチミンシティ	SGN
	ハノイ	HAN
マレーシア	クアラルンプール	KUL
ミャンマー	ヤンゴン	RGN
カンボジア	プノンペン	PNH
インド	デリー	DEL
	ムンバイ	BOM
	チェンナイ	MAA
韓国	ソウル(金浦)	GMP
	ソウル(仁川)	ICN
フィリピン	マニラ	MNL
台湾	台北(松山)	TSA
	台北(桃園)	TPE

ANA国内線区間基本マイレージ(MA)チャート

1.東京(羽田・成田)発着	
発着空港	区間マイル
稚内	679
旭川	576
オホーツク紋別	623
女満別	609
根室中標津	605
釧路	555
帯広	526
新千歳(札幌)	510
函館	424
仙台	177
大舘能代	314
秋田	279
庄内	218
八丈島	177
新潟	167
富山	176
能登	207
小松	211
名古屋	193
伊丹	280
関西	280
神戸	280
鳥取	328
米子	384
萩・石見	474
岡山	356
広島	414
岩国	457
宇部山口	510
徳島	329
高松	354
松山	438
高知	393
北九州	534
福岡	567
佐賀	584
長崎	610
熊本	568

1.東京(羽田・成田)発着	
搭乗区間	マイル数
大分	499
宮崎	561
鹿児島	601
沖縄(那覇)	984
宮古	1,158
石垣	1,224

2.大阪(伊丹・関西・神戸)発着	
発着空港	区間マイル
旭川	739
女満別	797
釧路	753
新千歳(札幌)	666
函館	578
青森	523
仙台	396
秋田	439
福島	339
新潟	314
萩・石見	200
松山	159
高知	119
福岡	287
長崎	330
熊本	290
大分	219
宮崎	292
鹿児島	329
沖縄(那覇)	739
宮古	906
石垣	969

3.名古屋(中部)発着	
発着空港	区間マイル
旭川	686
女満別	738
新千歳(札幌)	614
函館	525

3.名古屋(中部)発着	
発着空港	区間マイル
仙台	322
秋田	380
新潟	249
松山	246
福岡	374
長崎	417
熊本	375
大分	306
宮崎	372
鹿児島	411
沖縄(那覇)	809
宮古	979
石垣	1,044

4.札幌(新千歳)発着	
発着空港	区間マイル
稚内	171
利尻	159
オホーツク紋別	133
女満別	148
根室中標津	178
釧路	136
函館	90
青森	153
秋田	238
福島	400
仙台	335
静岡	592
新潟	369
富山	493
小松	529
岡山	708
広島	749
松山	791
福岡	882
沖縄(那覇)	1,397

5.仙台発着	
発着空港	区間マイル
小松	276
広島	513
福岡	665

6.福岡発着	
発着空港	区間マイル
新潟	572
小松	390
対馬	81
五島福江	113
天草	78
宮崎	131
屋久島	225
沖縄	537
宮古	683
石垣	737

7.熊本発着	
発着空港	区間マイル
天草	42

8.長崎発着	
発着空港	区間マイル
壱岐	60
五島福江	67
対馬	98

9.鹿児島発着	
発着空港	区間マイル
種子島	88
屋久島	102
喜界島	246
与論	358
奄美	242
徳之島	296
沖永良部	326

10.沖縄(那覇)発着	
発着空港	区間マイル
仙台	1,130
静岡	863
新潟	1,052
広島	650
岩国	614
松山	607
高松	677
北九州	563
熊本	494
長崎	484
宮崎	455
鹿児島	429
奄美	199
沖永良部	107
宮古	177
石垣	247

11.奄美発着	
発着空港	区間マイル
喜界島	16
与論	125
徳之島	65

12.徳之島発着	
発着空港	区間マイル
沖永良部	30

13.宮古発着	
発着空港	区間マイル
石垣	72

ANA国際線区間基本(MA)マイレージチャート

1.東京(羽田・成田)発着直行区間	
発着空港	区間基本マイル数
シアトル	4,775
サンフランシスコ	5,130
サンノゼ	5,162
ロサンゼルス	5,458
ヒューストン	6,658
シカゴ	6,283
ニューヨーク(JFK)	6,739
ワシントンDC	6,762
ホノルル	3,831
バンクーバー	4,681
メキシコシティー	7,003
ロンドン(ヒースロー)	6,214
フランクフルト	5,928
デュッセルドルフ	5,959
ミュンヘン	5,866
パリ(シャルル・ドゴール)	6,194
ブリュッセル	6,067
ウィーン*	5,699
イスタンブール*	5,748
ミラノ(マルペンサ)*	6,077
ストックホルム	5,439
モスクワ(シェレメーチエヴォ)	4,664
ウラジオストク	676
シドニー	4,863
パース	4,926
上海	1,111
北京	1,313
香港	1,823
広州	1,822
大連	1,042
青島	1,117
厦門	1,520
杭州	1,206

1.東京(羽田・成田)発着直行区間	
発着空港	区間基本マイル数
瀋陽	987
成都	2,100
武漢	1,530
深セン	1,813
シンガポール	3,312
ジャカルタ	3,612
バンコク	2,869
ホーチミンシティ	2,706
ハノイ	2,294
クアラルンプール	3,345
ヤンゴン	2,984
プノンペン	2,759
デリー	3,656
ムンバイ	4,201
チェンナイ	4,017
ソウル	758
マニラ	1,880
台北	1,330

2.大阪(関西)発着直行区間	
発着空港	区間基本マイル数
上海	831
北京	1,092
香港	1,548
大連	818
青島	864
杭州	926

3.名古屋(中部)発着直行区間	
発着空港	区間基本マイル数
上海	919
香港	1,632

予約クラス・運賃種別ごと積算率(MB)

1.ANA国内線フライトマイル運賃別積算率		
運賃種別	略号	積算率
プレミアム運賃	L101	150%
プレミアム障がい者割引運賃	L102	
プレミアムBiz	L103	
プレミアムビジネスきっぷ	L104	
ANA VALUE PREMIUM 3*	L201	125%
ANA SUPER VALUE PREMIUM 28*	L202	
プレミアム株主優待割引運賃	L203	
プレミアム小児株主優待割引運賃	L204	
* 各種往復ディスカウントも含む	L205	
ANA FLEX	L301	100%
ビジネスきっぷ	L302	
障がい者割引運賃	L303	
介護割引	L304	
各種アイきっぷ	L305	
プレミアム個人包括旅行割引運賃	L306	
Biz	L307	
ANA VALUE 1*	L401	75%
ANA VALUE 3*	L402	
ANA VALUE 7*	L403	
ANA SUPER VALUE 21*	L404	
ANA SUPER VALUE 28*	L405	
ANA SUPER VALUE 45*	L406	
ANA SUPER VALUE 55*	L407	
ANA SUPER VALUE 75*	L408	
ANA VALUE TRANSIT*	L409	
ANA VALUE TRANSIT 1*	L410	
ANA VALUE TRANSIT 3*	L411	
ANA VALUE TRANSIT 7*	L412	
ANA SUPER VALUE TRANSIT 21*	L413	
ANA SUPER VALUE TRANSIT 28*	L414	
ANA SUPER VALUE TRANSIT 45*	L415	
ANA SUPER VALUE TRANSIT 55*	L416	
ANA SUPER VALUE TRANSIT 75*	L417	
株主優待割引運賃	L418	
小児株主優待割引運賃	L419	
いっしょにマイル割(同行者)	L420	
* 各種往復ディスカウントも含む	L421	
個人包括旅行運賃	L501	50%
個人包括旅行割引運賃	L502	
スマートU25	L503	
スマートシニア空割	L504	
ANA SUPER VALUE SALEなど	L505	

2.ANA国際線予約クラスによるマイル積算率	
予約クラス	積算率
ファーストクラス	
F,A	150%
ビジネスクラス	
J	150%
C,D,Z	125%
P	70%
プレミアムエコノミー	
G,E	100%
N	70%
エコノミークラス	
Y,B,M	100%
U,H,Q	70%
V,W,S,T	50%
L,K	30%
チャーター便 (ANA便のみ)	
予約クラス	積算率
P	70%
P以外	50%

3.国際線航空券で発券されている日本国内線の積算率	
予約クラス	積算率
F,A	150%
Y,B,M	100%
U,H,Q	70%
V,W,S	50%
L,K	30%

国内線&国際線共通マイル積算の注意点
1人で同時に2席以上の座席を使用した場合も、マイル積算は1人分。

＊国内線マイル積算の注意点
(1):包括旅行割引運賃で「搭乗券」または「ご搭乗案内」に搭乗された方の個人名が記載されていない場合は積算対象外。
(2):日本国内のコードシェア便を搭乗では、ANA便名にて予約し搭乗分のみ、ANA便として積算。
(3):チャーター便、無償航空券、特典航空券、団体割引運賃、いっしょにマイル割(本人)は積算対象外。
(4):追加支払いでプレミアムクラスにアップグレードした場合、もともと購入した(マイル積算対象)運賃に一律プラス50%を積算。

＊＊国際線マイル積算の注意点
(1):差額支払いのないアップグレードは購入した航空券の予約クラスを適用。
(2):ダウングレードの場合は搭乗したクラスにもとづき積算。
(3):コードシェア便はANA便名で予約・搭乗の場合は、部を除き運航する提携会社搭乗分として積算。
(4):チャーター便、無償航空券、特典航空券、団体割引運賃、いっしょにマイル割(本人)は積算対象外。

(MC) フライトボーナスマイル積算率

カード種別	ステイタス	ボーナスマイル積算率
ANAカード非会員	ダイヤモンド1年目	115%
	ダイヤモンド継続2年目以降	125%
	プラチナ1年目	90%
	プラチナ継続2年目以降	100%
	ブロンズ1年目	40%
	ブロンズ継続2年目以降	50%
	なし	なし
ANAカード会員/SFC会員（ステイタス保持者）	ダイヤモンド1年目	120%
	ダイヤモンド継続2年目以降	130%
	プラチナ1年目	95%
	プラチナ継続2年目以降	105%
	ブロンズ1年目（*）	45%
	ブロンズ継続2年目以降	55%
ANAカード会員/SFC会員	カード種別	ボーナスマイル積算率
（ステイタスがない方）	ANAカードプレミアム	50%
	ANAゴールドカード	25%
	ANAカードワイド	25%
	ANAカード一般	10%
	ANAカード学生用	10%
	SFCカードプレミアム	50%
	SFCゴールドカード	40%
	SFC一般	35%

*：ANAカードとSFCカードのプレミアムカード会員のみ50%

(PC) プレミアムポイント路線倍率

路線	倍率
国内線	2
ANAグループ運航便の国際線日本発着アジア路線	1.5
ANAグループ運航便の国際線日本発着オセアニア路線	
ANAグループ運航便の国際線日本発着ウラジオストク路線	
ANAグループ運航便の上記以外の国際路線	1
スター アライアンス加盟航空会社	
スター アライアンス コネクティングパートナー運航便	

(PD) 運賃・予約クラス別プレミアム搭乗ポイント

(A)国内線

対象運賃	搭乗ポイント(一区間)
プレミアム運賃、プレミアム障がい者割引運賃、ANA VALUE PREMIUM 3、ANA SUPER VALUE PREMIUM 28、プレミアム株主優待割引運賃、プレミアム小児株主優待割引運賃、ANA FLEX、ビジネスきっぷ、小児運賃、障がい者割引運賃、介護割引、ANA VALUE 1、ANA VALUE 3、ANA VALUE 7、株主優待割引運賃、小児株主優待割引運賃、プレミアムBiz、Biz、プレミアムビジネスきっぷなど	400
ANA VALUE TRANSIT、ANA VALUE TRANSIT 1、ANA VALUE TRANSIT 3、ANA VALUE TRANSIT 7、ANA SUPER VALUE TRANSIT 21、ANA SUPER VALUE TRANSIT 28、ANA SUPER VALUE TRANSIT 45、ANA SUPER VALUE TRANSIT 55、ANA SUPER VALUE TRANSIT 75	200
各種アイきっぷ、国際航空券(国内区間)、ANA SUPER VALUE 21、ANA SUPER VALUE 28、ANA SUPER VALUE 45、ANA SUPER VALUE 55、ANA SUPER VALUE 75、ANA SUPER VALUE SALE、「スマートU25」運賃、いっしょにマイル割(同行者)、「スマートシニア空割」運賃、プレミアム包括旅行割引運賃、個人包括旅行割引運賃など	0

(B) 国際線 ANAグループ運航便

座席クラス	予約クラス	搭乗ポイント(一区間)
ファーストクラス	F/A	400
ビジネスクラス	J/C/D/Z/P	
プレミアムエコノミークラス	G/E/N	
エコノミークラス	Y/B/M	
	U/H/Q/V/W/S/T/L/K	0

(C) 国際線 スター アライアンス加盟航空会社およびスター アライアンスコネクティングパートナー運航便

対象運賃	搭乗ポイント(一区間)
積算率100%以上の全予約クラス	400
上記以外	0

Start Now

MILEAGE LOGBOOK（ANA編）
利用＆記入方法

このノートはAMC会員が航空機を利用してマイルを貯める時の備忘録です。これを使ってANAマイルやプレミアムポイントの貯まり具合を確認できます。記入方法に関しては以下の通りです。乗り継ぎ便の場合は搭乗便ごとに別々に分けて計算します。なお空港名はIATAコード、航空会社名は2レターコード（航空会社略号）を使います。

①今回搭乗での獲得マイル数：付録データ（P24～P29）を使い、区間基本マイレージ（MA）、予約クラス・運賃種別の積算率（MB）、フライトボーナスマイル積算率（MC）を調べて、計算式（（MA）×（MB）＋（MA）×（MB）×（MC））＝獲得マイル数）で算出します。
②今回搭乗でのプレミアムポイント数：付録データを（P24～P29）使い、区間基本マイレージ（MA）、予約クラス・運賃種別の積算率（MB）、路線倍率（PC）、搭乗ポイント（PD）を調べて、計算式（（（MA）×（MB）×（PC）＋（PD））＝獲得マイル数）で算出します。なお参考に次のWEBサイト利用が便利です。

注意点
①計算値
小数点以下は切り捨て。下記QRコードでシミレーションで確認可能。
②提携航空会社
本編のAMC提携航空会社予約クラス別マイル積算率一覧（本編Ｐ112）を参照。区間基本マイル数は各航空会社に問い合わせとなります。

●マイル数、プレミアポイント数のシミュレーション（AMC）

https://cam.ana.co.jp/amcmember/ppsja

●記入方法に関するWEBサイト（スタートナウ合同会社　HP）

https://startnow.co.jp/chotatsujin/mileagelogbook//kinyu

MILEAGE LOGBOOK

ANA

メインカード
お客様番号:

サブカード
お客様番号:

マイレージの超達人 ANA編 2024-25年版
初版特別付録